KB062154

1천만 원
부동산 투자

1천만 원으로 시작하는 소액 부동산 투자법

1천만 원
부동산 투자

제승욱 지음

원앤원북스

소액 부동산 투자로
기회를 잡아라

"부자가 될 수 있는 기회를 놓치지 말라."

『부자 아빠 가난한 아빠』의 저자 로버트 기요사키가 한 말이다. 부동산 투자를 몰랐을 때는 이 말의 깊은 뜻을 몰랐다. 부동산 투자를 시작하고 난 다음에야 이 말을 이해하게 되었고 가난에서 벗어날 수 있었다.

아직도 부동산 투자를 하는 사람보다 하지 않는 사람이 훨씬 많다. 그 이유는 무엇일까? 이유를 물으면 대부분 부자는 되고 싶은데 두렵다고 답한다. 왜 두려움이 앞설까? 지금 사도 될지, 언제 사야 할지 확신이 없어서라고 답한다. 그렇다. 일반적으로 투자 경험이 없는 사람은 '부동산 투자'라고 하면 두려움부터 느낀다. 그래서 필자는 여러분에게 소액 부동산 투자를 권한다.

소액 부동산 투자의 핵심은 '소액'이란 말에 있다. 운 좋게 일확천금을 노리라는 말이 아니다. 차근차근 소액이라도 종잣돈을 모아서 부동산에 투자해보라는 말이다.

소액 부동산 투자의 장점은 다음과 같다.

1. 부동산 경기에 일희일비하지 않는다.
2. 적은 돈(500만~5천만 원)으로 투자할 수 있다.
3. 실패할 확률이 낮다.
4. 세금이 적다.
5. 사회초년생, 초보 투자자도 할 수 있다.

필자는 30대 초반에 태어나서 처음으로 부동산 등기부등본에 이름을 올렸다. 그때부터 40대 중반인 지금까지 꾸준히 부동산에 투자하고 있다. 만약 필자가 첫 투자 때 용기를 내지 못했다면, 그리고 실패를 경험했다면 지금껏 계속 부동산 투자를 이어올 수 있었을까? 아마 장담하지 못했을 것이다. 그만큼 부동산은 '첫 투자'가 중요하다.

부동산 투자를 해오면서, 그리고 부동산학으로 박사 학위를 받으면서 '산이 높으면 골이 깊고, 떨어진 곳은 반드시 오른다'라는 투자 철학을 갖게 되었다. 10년이면 강산도 변한다고 하지 않던가. 20년 가까이 현장을 경험하며 터득한 것은 부동산 시장은 절대적인 우상향도, 절대적인 우하향도 없다는 것이다. 비정상적으로 상승하면 조정이 오기 마련이고, 비정상적으로 하락하면 반등이 오기 마련이다.

항상 변수는 존재한다. 예를 들어 2022년부터 2023년 상반기까지 전국 부동산 시장은 하락장이었다. 전세가격이 하락하면서 매매가를 끌어내렸기 때문이다. 많은 전문가가 이야기하듯이 미국이 기준금리를 급격히 올리면서 벌어진 일이다. 10회 연속 기준금리를 인상하며 2023년 5월 기준 미국의 기준금리는 5.25%까지 상승했다. 불과 1년 전만 해도 제로금리였는데 말이다. 인플레이션 우려에 미국이 짧은 기간 급격히 금리를 올리면서 블랙홀처럼 유동성을 빨아들였고, 그 여파로 부동산 시장과 주식 시장은 얼어붙고 말았다.

투자는 변수의 불확실성을 갉아먹고 사는 기생충이다. 변수에 대비하지 못하고 준비하지 못하면 기생충은 죽는다. 필자는

1천만 원 부동산 투자

투자에 실패해 죽은 기생충을 많이 보았다. 여러분에게 소액 부동산 투자를 권하는 이유가 여기에 있다. 비교적 안전하기 때문이다. 실제로 단돈 500만 원으로 빌라에 투자하고, 1천만 원으로 아파트에 투자하면서 필자는 소액 부동산이 가진 힘을 몸소 경험했다. 물론 모든 소액 부동산이 돈을 벌어다주고 하락장에서 단단한 모습을 보이는 것은 아니다. 필자가 소액 부동산 투자로 큰돈을 벌 수 있었던 이유는 검증이 된 부동산에만 투자했기 때문이다. 검증되었다는 것은 확실한 물증이 있다는 것이다.

예를 들어 몇 년 전에 24평 가격이 2억 원을 찍은 A아파트가 하락장을 맞아 현재 1억 3천만 원까지 떨어졌고 전세가가 1억 2천만 원으로 바짝 붙어 있다고 가정해보자. 입지와 여러 여건이 좋다면 충분히 오를 수 있는 힘이 있고 물증이 있는 물건이다. 여기에 필자가 후술할 몇 가지 기법을 활용해 검증과정을 거쳐 가능성을 타진한다면 안정적으로 수익을 낼 수 있다. 필자는 이런 검증된 물건에만 투자한다.

물론 당장 돈이 되고 급등할 수 있는 물건을 찾을 수 있다면 좋겠지만, 아무리 정보가 넘쳐도 그런 물건을 찾기란 사막에서 바늘 찾기와 같다. 또 성공 가능성이 높다고 해서 섣불리 큰돈을 투입하면 리스크가 커지고 장기간 돈이 묶일 수 있다. 고액 부동산 투자는 우선 소액 부동산 투자로 성공 경험을 쌓은 이후에 시도해도 늦지 않다.

"여러분은 집이 많은 것이 불안하십니까? 집이 없는 것이 불안하십니까?"

투자할 용기를 내지 못하는 사람들에게 필자가 자주 하는 질문이다. 이 책을 통해 누구나 할 수 있고, 비교적 안전하게 자산을 늘릴 수 있는 필자만의 소액 부동산 투자비법을 소개하려 한다.

혹자는 "박사님이 투자할 때와 지금은 투자환경이 많이 다르지 않습니까?" 하는 의문을 제기할 수도 있다. 그렇다. 10여 년 전과 지금은 투자환경이 많이 바뀌었다. 그러나 가격이 많이 떨어진 지금이 도리어 기회가 될 수도 있다. 또한 부동산 규제가 완화되면서 운신의 폭이 넓어졌으니 때가 좋다고 볼 수도 있다.

"명확히 설정된 목표가 없으면, 우리는 사소한 일상을 충실히 살다 결국 그 일상의 노예가 되고 만다."

로버트 하인라인의 말이다. 성공을 가로막는 가장 큰 장애물은 시련이 아닌 안정이다. 안정된 월급에 만족해 도전을 포기하면 부자의 길을 걸을 수 없다.

부디 이 책을 덮을 때는 여러분의 투자 마인드가 바뀌어 있길 기대해본다. 아울러 이 험난한 시대를 살아가는 사회초년생, 부린이(부동산 어린이), 그리고 부동산 투자는 남의 일이라고 생각하는 수많은 직장인이 소액 부동산 투자를 통해 월급쟁이 부자로 은퇴하길 소망한다.

제승욱

차례

☆ ☆ ★ 1장 ★ ☆ ☆

부자는 부동산이 대신 일한다

☆ ☆ ★ **2장** ★ ☆ ☆

소액 부동산 투자로 미래를 바꿔라

☆ ☆ ☆ **3장** ☆ ☆ ☆

어디에 투자할 것인가?

☆ ☆ ☆ **4장** ☆ ☆ ☆

어떻게 투자할 것인가?

☆ ★ ★ 5장 ★ ★ ☆

언제 사고팔 것인가?

☆ ☆ ☆

잠을 자고 있을 때나 일을 하고 있을 때나
부동산은 항상 부자를 위해 대신 일했고,
사정이 어려워지면 부동산을 팔아서
충당하는 방식으로 위기를 이겨냈다.

부자는 부동산이
대신 일한다

좋은 직장이 인생을 책임지지 않는 시대

세상이 참 많이 변했다. 옛말에 10년이면 강산도 변한다고 했던가? 이제는 10년이라는 말이 무색할 정도로 하루하루 세상이 너무 빨리 변하고 있다. 과거의 100년보다 앞으로의 10년이 더 많은 변화를 야기할지 모른다. 우리네 일자리도 많은 변화가 생겼다. 과거 아버지와 삼촌이 다니던 직장은 평생직장이라 불렸다. 즉 당시엔 하나의 직장이 아버지와 삼촌을 정년까지 책임졌다. 그런데 지금은 어떤가? 공무원을 제외하고는 평생직장이라는 개념이 사라진 지 오래다. 예전처럼 하나의 직장이 우리의 인생을 책임지지 않는다. 나이가 되었든, 경력이 되었든 어떠한 임계점에 도달하면 내일 당장 그만두라고 해도 전혀 이상하지 않은 세상에서 살고 있다.

대학도 그렇다. 과거엔 좋은 대학이 좋은 일자리를 보장해 줬지만 지금은 그렇지 않다. 고성장 시기에는 매년 공채 시즌만 되면 여러 기업이 유수의 대학을 졸업한 인력을 우수수 뽑아갔다. 하지만 이젠 그렇지도 않다. 그나마 남아 있던 공채도 근래엔 상시채용으로 전환되고 있는 추세다. '상시채용'이라고 하니 필요한 인력을 그때그때 뽑겠다는 것처럼 여겨져 언뜻 보면 좋아 보인다. 하지만 불경기가 심해진 작금에는 기업의 고용 위축을 대변하는 말로 변모한 지 오래다.

각자도생의 시대, 당신의 선택은?

각자도생의 시대가 도래하면서 지금 우리나라는 재테크 열풍이다. 얼마 전엔 '동학개미운동'이라 불리는 투자 열풍이 불었다. 동학개미운동이란 코로나19 사태로 폭락한 주식 시장에 뛰어든 개미 투자자들을 풍자한 말이다. 초저금리로 유동성이 증가하자 '동학개미'라는 별명이 붙은 개인 투자자들은 주식뿐만 아니라 부동산 투자에도 열을 올렸다. 과거에는 부동산 투자라고 하면 자본이 있는 중장년층의 전유물처럼 여겨지곤 했다. 그러나 근래엔 20~30대도 직장에 다니면서 주말을 이용해 임장을 하는 등 부동산 투자에 적극적으로 임하고 있다.

사람이 태어나서 죽을 때까지 쉬지 않고 해야 될 것이 세 가지 있다. 첫째는 운동, 둘째는 공부, 셋째는 투자다. 운동도, 공부도 중요하지만 필자는 이 중 투자가 가장 중요하다고 생각한다. 직장이 미래를 담보해주지 않으니 살아남기 위해서라도 꼭 '투자'를 배워야 한다. 필자는 사회생활을 본격적으로 시작한 20대 후반부터 부동산과 주식에 투자했다. 연봉이 적었기에 '언제 이 푼돈을 모아 목돈을 만들 수 있을까?' 하는 자괴감이 들곤 했다. '내가 이 직장에 언제까지 다닐 수 있을까?' '설사 정년까지 어찌어찌 다닌다 해도 이 월급으로 결혼을 하고 자녀를 키울 수 있을까?' 이런저런 고민이 꼬리에 꼬리를 물었다. 생각할수록 직장 월급만으로는 살 수 없다는 결론이 나왔다. 그래서 일단 종잣돈을 모아서 소액 부동산에 투자해야겠다고 생각했다.

누군가 필자에게 지금껏 살면서 가장 힘든 시기가 언제였냐고 물어본다면 서슴없이 '20대 때 종잣돈을 모으던 시기'라고 답할 것이다. 당시 우리 부부의 월급은 합쳐도 고작 300만 원이 조금 넘는 수준이었다. 그런 상황에서 죽기 살기로 한 달에 200만 원을 저축했다. 지금 생각하면 말도 안 되는 금액이지만 그 덕분에 1년 동안 2,400만 원의 종잣돈을 모을 수 있었다. 지금이야 몇 줄 글로 쉽게 그때를 떠올리지만 정말 죽고 싶을 정도로 힘들었다. 부부싸움도 엄청 했다(그때 너무 싸워서 이제 덜 싸우는 것 같다).

신혼부부가 한 달에 약 100만 원을 가지고 생활하는 건 불가능한 일이다. 친구와의 술자리 같은 사적인 자리는 당연히 사치다. 실제로 필자는 1년 동안 그 어떤 술자리에도 참석하지 않았다. 꼭 참석해야 하는 결혼식과 장례식장만 방문하면서 외부 경비를 줄였다. 그리고 주말이면 돈이 들지 않는 공원에 놀러가거나 등산을 했다. 백화점이나 대형마트는 일단 가면 씀씀이가 커지기 때문에 최대한 자제했다. 또 수중에 현금은 늘 3만 원 이상 가지고 다니지 않았다. 현금을 많이 들고 다니면 쓰고 싶어지고, 유혹에 약해지기 때문이다. 우리 부부는 유혹거리를 원천 봉쇄했다.

돈을 모으기 위해서 자동차도 사지 않았다. 자동차는 사는 즉시 중고차가 된다. 자동차를 사서 더 비싸게 되팔았다는 사람을 본 적이 없다. 그만큼 신차는 감가상각이 큰 재산이다. 사회초년생이라면 더더욱 멀리해야 한다. 매년 보험을 갱신하고, 엔진오일 등의 소모품을 교체하는 등 유지비용이 만만치 않다. 자동차를 소유하는 것은 커다란 부채덩어리를 가지고 사는 것과 같다.

1년간 종잣돈을 모으면서 재테크 공부도 열심히 했다. 주로 도서관에서 빌린 재테크 책으로 공부했다. 부동산 투자, 그중에서도 경매로 돈을 번 사람들의 성공 노하우를 조금씩 배워나갔다. 지금도 그렇게 생각하지만 책만큼 가성비 좋은 공부법은 없다고 본다. 그렇게 1년 동안 수십 권의 책을 보면서 공부했지만 막상 투자를 하려니 겁부터 났다. '혹시 내가 이 돈을 잘못 투자해서 날리면 어떡하지?' '지금 이 가격에 사도 될까?' '빌라는 위험하다는데 괜찮을까?' '소형 아파트를 매입해도 되는 걸까?' 머리가 복잡했다. 그래서 좀 더 깊이 있는 배움을 위해 전문가의 강의를 들으러 다녔다.

내 인생 최초의 부동산 투자는 다가구주택 투자였다. 참고로 주인이 각각 여러 명 있으면 다세대주택이고, 한 명이면 다가구주택이라고 한다. 여러 물건 중 다가구주택을 선택한 이유는 초기 비용이 적게 들기 때문이다. 3층짜리 다가구주택이었는데, 임차인들의 보증금을 합치니 매매금액에 가까워 초기 비용이 많이 들지 않았다.

투자의 시작은
종잣돈이다

아직도 부동산 투자는 큰돈이 있어야 하고, 빚 없이 100% 내 돈으로 해야 한다고 생각하는 사람이 부지기수다. 5억 원의 아파트를 사기 위해 내 돈 5억 원이 있어야 한다고 생각한다. 그렇지 않다. 전세가가 4억 원이면 1억 원만 있어도 살 수 있다. 1억 원을 투자했는데 2년 뒤 아파트 값이 7억 원까지 오르면 2년 만에 2억 원을 버는 것이다. 수익률만 100%다. 세입자의 돈과 은행 돈(대출)을 활용해서 투자를 할 수 있다는 것, 이게 바로 부동산 투자의 매력이다.

초기 비용이 수억 원에서 수십억 원씩 소요되는 큰 물건도 있지만 소액으로도 얼마든지 진입 가능한 부동산도 있다. 필자는 다가구주택 투자를 통해 태어나서 처음으로 등기부등본에 이름이 올라가는 감격을 맛봤다. 그때의 짜릿함은 말로 표현을 할 수가 없다. 무엇이든 처음이 어려워서 그렇지 처음 발을 떼면 순차적으로 나아가게 되어 있다. 첫 번째 걸음을 뗄 용기만 있으면 된다.

인생은 도전하는 자의 것이다. 시작을 해야 죽이든 밥이든 된다. 시작하지 않으면 아무것도 되지 않는다. 필자는 1년 동안

1천만 원 부동산 투자

눈물 젖은 빵을 먹으면서 버티고 버텼다. 그 결과 소박하지만 3층짜리 다가구주택의 주인이 되었다. 결론적으로 다가구주택은 2년마다 전세가가 오르면서 또 다른 투자자금이 되었고, 훗날 자산을 증식하는 데 큰 도움이 되었다.

많은 직장인이 불확실한 미래에도 불구하고 시간에 순응한 채 살고 있다. "설마 회사가 날 자르겠어?" "정년까지 잘 다닐 수 있겠지?" 하는 헛된 믿음으로 말이다. 직장이 나를 책임지지 않는 시대, 당장이라도 무엇인가 준비해야 한다. 일단 부동산 공부를 시작하면서 종잣돈을 모으자. 종잣돈은 투자로 모으는 게 아니다. 처음에는 보수적으로 예적금을 권장한다. 확실한 투자처가 있다면 모르지만 초기 종잣돈을 잃으면 투자는 물 건너간다. 필자도 처음엔 일반 시중은행보다 금리가 높은 상호저축은행을 이용했다. 제1금융권 은행이 아닌 상호저축은행도 개인당 5천만 원까지는 법적 보호를 받을 수 있어 안전하고 효율적이다.

종잣돈은 여러분에게 큰 힘이 된다. 직장에서 아무리 힘들고 괴로워도 불어나는 종잣돈을 보며 견디기 바란다. '1~2년만 지나면 나도 집주인이 될 수 있다' 하는 생각을 하면 오히려 힘이 난다. 돈을 위해 일을 하는 것이 아닌 돈이 여러분을 위해 일해야 한다. 종잣돈 모으기가 부동산 투자의 첫걸음이다. 부동

산 투자의 시작은 종잣돈이다. 지금이라도 늦지 않았다. 성실히
종잣돈을 모아보자.

재테크의 가장
큰 적은 원금 보장

아직도 재테크를 하는 사람보다 하지 않는 사람이 훨씬 많다. 정확한 데이터를 찾기는 어렵지만 경험상 직장인 10명 중 3~4명 정도만 적극적으로 투자를 하는 것 같다. 그럼 나머지 6~7명은 무엇을 할까? 대부분 이번 달 벌어서 그달에 쓰는 삶을 산다. 최악의 경우 저번 달 카드값을 갚거나 무리한 대출금을 갚는 등 마이너스 삶을 산다. 그만큼 하루 벌어서 하루 사는 사람이 많다.

저축을 하는 사람은 형편이 나은 편이다. 대개 은행상품을 통해 한 달에 자신의 월급 일부를 저축하고 만기에 원금을 보장받는다. 쥐꼬리만 한 이자에 실망하지만 원금 보장이라는 안전자산의 유혹을 뿌리칠 수 없다.

문제는 여기서 발생한다. 사회초년생이라면 종잣돈을 모으기 위해 원금이 보장되는 적금을 이용하는 것이 맞다. 이렇게 차곡차곡 모은 돈이 다음 투자를 위한 지렛대 역할을 한다. 그러나 종잣돈이 어느 정도 모인 이후에도 '원금 보장'만 추종하는 것은 문제다.

설사 금리가 치솟아 높은 금리의 투자상품이 나온다 해도 투자 소득을 뛰어넘을 수는 없다. 무엇보다 이자에는 이자소득세가 발생한다. 그것도 15.4%다. 원금이 보장된다 해도 이자에서 이 15.4%는 무조건 내야 한다.

세상에 안전한
위험은 없다

부자이거나 부자가 될 사람 중에 투자를 멀리하는 사람은 없다. 투자는 항상 위험이 따른다. 세상에 안전한 위험은 없고, 그렇기에 위험한 투자에서 수익이 많이 발생한다. 남들 다 하는

1천만 원 부동산 투자

예적금이 정답이라면 모두가 부자가 되었어야 한다. 최근 물가 상승으로 인한 갑작스러운 금리 인상으로 수익형 부동산의 인기가 예전만 못하다. 예적금 금리가 좀 높아졌다고 해서 투자 공부를 소홀히 해서는 안 된다.

세계적으로 영원히 금리가 상승할 것이라고 보는 전문가는 없다. 언젠가는 다시 저금리 시대가 도래할 것이다. 경제성장률이 떨어지고 물가상승률이 꺾이면 다시 저금리 시대가 열린다. 그때에 대비해야 한다.

필자가 부동산 투자를 시작한 지도 벌써 15년이 지났다. 다가구주택을 시작으로 그동안 소형 아파트 위주의 전세를 낀 소위 '갭투자'를 해왔다. 목돈이 있을 때는 아파트 분양권을 계약금 10%와 프리미엄을 주고 샀다. 부동산 경기가 좋지 않을 때는 미분양 아파트 분양권을 계약금 10%만 주고 구입했다. 그렇게 매입한 분양권은 훗날 입주 시점에 엄청나게 상승해 큰 힘이 되었다.

물론 아무것도 모르는 부린이 시절에는 운과 타이밍이 좋아서 돈을 많이 벌었다고 생각한다. 그러나 지금은 입주물량, 매매가 대비 전세가 비율, 분양가, 입지 등의 데이터와 그간의 투자 경험과 노하우를 바탕으로 잃지 않는 투자를 지속하고 있다. 필자가 만약 원금 보장의 달콤한 유혹에 빠져 예적금에만 돈을 부었다면 큰돈을 벌지 못했을 것이다. 아마 적은 이자에만 만족하며 살았을 것이다.

필자도 처음부터 운이 좋았던 것은 아니다. 실제로 실패도 맛봤다. 아버지의 권유로 미분양 아파트를 잡았는데 입주 시기에 잔금을 치르지 못해 계약금 5%, 발코니 확장비용 10%, 부동산 복비 200만 원 등 약 2천만 원을 날렸다. 당시에는 하늘이 무너지고 아버지가 원망스러웠다. "이럴 수가! 내가 외국에서 피땀 흘려 번 돈을 하루아침에 날리다니!" 깊은 절망감과 아버지에 대한 원망으로 괴로운 시간을 보냈다. 그때는 절대로 다시는 위험한 부동산 투자를 하지 않겠다고 결심했다. 그렇게 주식과 펀드 투자를 시작했는데 그것도 좋은 결과를 얻지 못했다.

젊은 날은 실패의 연속이었고 고난의 연속이었다. 그러나 그때의 아픔과 고통이 있었기에 지금의 성공이 있었다고 생각한다. 삶은 잔인한 교사다. 삶은 당신에게 먼저 벌을 준 후에 교훈을 준다. 항상 그렇다. 상이나 교훈을 먼저 주는 것이 아니라 벌을 주고 스스로 깨닫게 한다. 그때의 실패가 지금의 나를 부동산학 박사이자 대학 교수로 만들었고, 부동산 투자자의 길로 이끌었다.

1천만 원 부동산 투자

부린이라면
소액으로

필자의 친구들도 그렇고 많은 이가 부동산 투자를 주저한다. "왜 부동산에 투자하지 않습니까?"라고 물으면 확신이 없고 두려워서라고 한다. 어떤 분야의 투자든 확신이 있고 두려움이 없어야 도전할 수 있다. 확신이 있으려면 해당 분야에 대한 충분한 지식과 성공 경험이 필요하다. 성공 경험은 불확신을 확신으로 바꿔주고 두려움을 용기로 바꿔준다.

누구나 처음은 두렵다. 처음 자전거를 배울 때를 떠올려보라. 처음부터 잘 타는 사람은 없다. 넘어지고 다치기도 하면서 균형을 잡고 앞으로 나아간다. 문제는 투자에서 '실수' '실패'는 재산상의 손실을 야기한다는 점이다. 생활에 어려움을 겪을 수 있고 인생이 무너질 수 있다. 그래서 부린이라면 안전하게 소액으로 투자해야 한다. 소액 부동산 투자의 장점은 비교적 리스크가 적다는 데 있다. 넘어져도 크게 다치지 않는다. 부담 없이 진입할 수 있어 혹시 모를 실패에 대한 두려움도 적다.

개인적으로 가장 현실적인 물건은 역세권 20평대 소액 아파트라고 생각한다. 매매금액과 전세금이 거의 붙어 있는 안전한 물건에 투자한다면 시세차익을 노리기 용이하다. 매매금액

1억~2억 원 사이, 20평대, 방 3칸, 역세권, 초중학교 근처에 있는 물건은 수요층도 두텁고 안전한 자산이다. 물론 부동산 경기에 따라 가격이 떨어질 수는 있지만, 단언컨대 1997년 IMF 외환위기와 같은 일이 또 벌어지지 않는 한 대폭락은 없을 것이다.

무엇이든 시작이 반이다. 시작을 했으면 반은 한 것이나 마찬가지다. 여러분이 첫 투자를 통해 투자의 맛을 경험하면 주변에서 뭐라고 하든 어엿한 투자자의 반열에 들어선 것이다. 필자도 그렇고 부동산 투자를 통해 부자가 된 사람들이 처음부터 다 꽃길만 걸은 것은 아니다. 숱한 위기를 극복하고 험난한 길을 걸으면서 여기까지 온 것이다. 사람은 누구나 안정을 선호한다. 물론 안정도 중요하다. 운전대를 잡으면 빨리 가는 것보다 안전하게 천천히 가는 게 더 중요하다. 고작 5~10분 더 일찍 가겠다고 빨리 달리는 건 위험한 일이다. 그러나 투자는 다르다. 어느 정도 위험을 감수하고 즐겨야 이익을 볼 수 있다.

위험을 즐기기 위해선 기술이 필요하다. 책도 많이 읽어야 하고, 남의 성공 노하우를 내 것으로 만들어야 한다. 투자 타이밍도 알아야 하고, 매도 타이밍도 잡아야 한다. 어쩔 때는 돈도 빌려야 하고, 인생도 걸어야 하는 별의 순간이 오기도 한다. 이미 부자가 아니라면 피할 길이 없다. 이 외로운 싸움을 반드시 해야 한다. 부자가 되어야 가족이 행복하다. 부자가 되어야 내가 일하고 싶을 때 일하고 놀고 싶을 때 놀 수 있다.

시간은 여러분의 편이다. 부동산 투자는 빠르면 빠를수록 좋다. 항상 그래왔듯이 부동산은 크게 보면 우상향한다. 물론 1997년 IMF 외환위기, 2008년 글로벌 금융위기와 같은 큰 경제 위기 때는 부동산도 하락하는 모습을 보인다. 그러나 얼마 지나지 않아 다시 상승했다. 부동산 불패의 법칙은 여전히 유효하다.

안전한 원금 보장 상품으로 최소한의 종잣돈을 모았다면 이제는 공부를 해야 한다. 국영수 공부가 아닌 부동산 공부를 해야 한다. 일단 서점에 가서 부동산 관련 베스트셀러를 몇 권 사서 읽어보자. 매일 신문도 보고, 금리와 환율 등을 모니터링하며 경제를 살펴야 한다. 그리고 오프라인 강의를 통해 부동산으로 성공한 선배와 만나 노하우를 습득하자. 임장도 다녀와야 하니 하루라도 빨리 부동산 공부를 시작해야 한다.

중요한 건 실행력이다. 결심이 서면 뒤도 돌아보지 않고 가계약금을 입금해야 한다. 생각은 깊게 하고, 행동은 빠르게 해야 좋은 물건을 놓치지 않는다. 필자도 장고 끝에 물건을 놓친 기억이 많다. 항상 그래왔듯이 일단 저지르면 해결책도 나오기 마련이다. 씨를 뿌려야 수확을 할 수 있듯이 투자를 해야 부자가 될 수 있다. 투자를 하지 않고 부자가 된 사람은 아무도 없다. 나는 여러분이 부자의 길에 섰으면 좋겠다.

1천만 원 부동산 투자

부동산이 대신
일하게 하라

지금 여러분의 연봉은 얼마인가? 억대 연봉일 수도, 시간당 1만 원 수준일 수도 있다. 사람들은 자신의 몸값을 연봉에 비유한다. 프로야구에서도 연봉 1억 원 선수와 10억 원 선수는 가치가 다르다. 사람의 몸값을 연봉만으로 평가할 순 없지만 그렇다고 연봉이 낮은 사람이 더 훌륭하다고 이야기하기도 어렵다. 처음 회사에 입사할 때는 당연히 연봉이 낮다. 그러나 시간이 지나고 승진을 했음에도 연봉이 제자리걸음이라면 나를 인정해주는 다른 회사로 옮겨야 한다. 돈이 전부는 아니지만 돈이 적으면 만족할 수가 없다.

필자도 한때는 직장인이었다. 처음 직장인이 된 2007년에 필자의 연봉은 고작 2천만 원 정도였다. 한 달 실수령액은 150만 원가량이었다. 탈모 관련 제약회사였는데 영업직이다 보니 부산에 있는 피부과와 성형외과를 돌아다니며 의사를 상대로 제품을 홍보해야 했다. 영업비라는 명목으로 기름값과 식대를 제공받았지만 돈은 늘 부족했다. 좋은 대학, 좋은 기업에 가지 않는 이상 고액 연봉을 받기란 쉽지 않다. 지금이나, 10년 전이나, 100년 전이나 좋은 직장은 정원이 정해져 있고 만족할 만큼 돈을 버는 사람은 극소수다.

우리나라 최고의 대학인 서울대학교는 매년 3천 명만 들어갈 수 있다. 즉 전국에서 3천 명 이내에 들어야 합격할 수 있다. 전국의 고3 수험생이 대략 30만 명이니 말 그대로 1%의 학생만 서울대학교 문턱을 밟는다. 그러나 부자는 정원이 없다. 또 누구나 도전할 수 있지만 아무나 부자가 될 수는 없다. 방법도 잘 모른다. 부자가 되는 방법을 학교에서 따로 가르치지 않기 때문이다. 사실 세상에서 가장 중요한 공부가 돈 공부고 부자 공부인데 그 누구도 우리에게 가르쳐주지 않는다. 그저 국영수 점수대로 대학에 가고 토익 점수와 자격증 수에 따라 차등적으로 직장에 갈 뿐이다. 직장에서도 부자가 되는 비법 같은 건 가르쳐주지 않는다. 회사는 여러분이 그만두지 않을 만큼만 월급을 주고, 여러분은 잘리지 않을 만큼만 적당히 일한다.

우리나라 직장인 중 일을 하고 싶어서 하는 사람이 몇이나 될까? 대부분 회사의 노예가 되어 하루 8시간을 저당 잡힌다. 우스갯소리로 월요일에는 월요병으로 고생하고, 화요일에는 화가 나고, 수요일에는 수없이 그만둘까 고민하고, 목요일에는 목숨 걸고 일하고, 금요일에는 드디어 주말이 오니 불금이라는 말도 있지 않은가. 필자도 직장에 다닐 때는 금요일이 제일 좋았다. 토요일이 되면 세상 다 가진 것처럼 행복하다 일요일이 되면 다시 머리가 아팠다. 월요일이 생각나면서 스트레스가 생겼다. 직장인이라면 누구나 공감할 만한 이야기다. 이런 다람쥐 쳇바퀴 도는 직장생활에서 벗어나고 싶다면 더더욱 부동산 투자를 시작해야 한다.

부자의 길은 부동산에 있다

매달 꾸준히 현금흐름이 있는 직장인일 때 부동산을 공부해야 한다. 퇴사 후에 시작하면 늦는다. 부동산 투자는 긴 안목이 필요한 분야다. 즉 지금 당장의 행복이 아닌, 은퇴 후의 인생을 위한 과정이다. 매달 꼬박꼬박 나오는 월급에 만족해서 투자를 시작하지 않으면 여러분은 직장을 그만둘 수 없다. 하루라도 일찍 부동산 투자를 시작해 자산을 하나씩 늘려야 한다.

흔히 주식 투자는 적은 돈으로 가능한 반면, 부동산 투자는 큰돈이 있어야 된다고 생각한다. 단언컨대 그렇지 않다. 1억 5천만 원짜리 빌라를 사기 위해 현금 1억 5천만 원이 있어야 한다고 생각한다면 여러분은 아직 멀었다. 은행 돈과 세입자의 돈을 활용해 저평가된 소액 부동산에 투자해야 한다. 부동산 가격이 하락하는 시점이라면 싸게 사서 2년 또는 4년 뒤에 파는 전략으로 투자를 해야 한다. 물론 재건축될 가능성이 있다면 장기로 가져가도 좋다.

종합부동산세, 일명 '종부세'의 기본공제가 2023년 6억 원에서 9억 원으로 상향되었다. 이 정도 액수면 소형 아파트를 몇 개 가지고 있어도 종부세를 내지 않는다. 이처럼 정부의 부동산 정책을 잘 읽으면 가야 할 길이 보인다.

과거 부자들은 대부분 부동산을 통해 부를 축적했다. 내 집 마련을 통해 주거의 안정을 누리고, 추가적인 부동산 투자를 통해 임대수익과 시세차익 두 마리 토끼를 잡았다. 전세를 끼고 산 아파트가 폭등하면서 많은 돈을 벌었고, 오래된 빌라가 재개발에 들어가면서 또다시 많은 돈을 벌었다. 부동산을 여러 채 보유하면서 공격적으로 투자했고 그중 가격이 폭등한 부동산을 파는 방식으로 지금의 부를 이뤘다. 잠을 자고 있을 때나 일을 하고 있을 때나 부동산은 항상 부자를 위해 대신 일했고, 사정이 어려워지면 부동산을 팔아서 충당하는 방식으로 위기를 이겨냈다.

여러분은 시간당 10만 원짜리 인생을 살 것인가? 아니면 시간당 100만 원, 1천만 원의 인생을 살 것인가? 직장인으로서 큰 성공을 이뤄 근로소득만 가지고 인생을 풍요롭게 살 자신이 있다면 상관없다. 하지만 그렇지 않다면 근로소득에만 의존해서는 안 된다. 누구나 부자를 꿈꾸지만 아무나 부자가 될 수는 없다. 주변을 둘러보라. 근로소득만 가지고 부자가 된 사람은 극소수다. 지금 시작하지 않으면 여러분은 부자의 길에서 점점 멀어진다. 열매를 수확하는 사람은 결국 씨를 뿌린 사람이다. 씨를 뿌리지 않고 열매를 바라는 건 어불성설이다.

부자의 종류는 다양하다. 연예인 부자, 사업 부자, 땅부자, 대기업 부자, 정치인 부자, 의사 부자, 변호사 부자 등 아마 수백수천 가지의 부자가 있을 것이다. 그럼 이들 중 부동산에 투자하지 않은 이는 몇이나 될까? 부자도 결국 살 집이 필요하다. 집 없이 행복한 사람은 없다. 행복은 살기 좋고 위치 좋은 내

집에서 비롯된다.

보증금 500만 원, 월세 40만 원에 사는 사람과 한강 뷰가 보이는 60평대 아파트에 사는 사람은 무엇이 다른가? 만약 나이가 50대로 같다면 분명 살아온 길이 다를 것이다. 나온 대학도 다를 것이고, 직장도 다를 것이고 하여튼 뭐든 다른 인생을 살아왔을 것이다. 처음에는 별 차이가 나지 않더라도 투자로 쌓아온 시간이 10년, 20년이 되면 격차는 말로 표현할 수 없을 정도로 커진다.

필자는 아직도 용기를 내지 못하고 투자를 망설이는 이 땅의 모든 부린이를 위한 조언자, 부동산 멘토가 되려 한다. 개인적으로 지난 수십 년간 직접 투자를 해오며 다양한 시행착오를 겪었다. 적어도 이 책을 읽는 독자만이라도 필자와 같은 실수, 실패를 겪지 않았으면 하는 마음에서 이 책을 쓰기 시작했다. 어떤 마인드로, 어떤 방식으로 부동산 투자에 임해야 할지 하나씩 후술하겠다.

부동산은
잠들지 않는다

"잠자는 동안에도 돈이 들어오는 방법을 찾아내지 못한다면 당신은
죽을 때까지 일을 해야만 할 것이다."

세계적인 투자자 워런 버핏의 말이다. 수많은 명언과 투자 격언으로도 유명한 그. 2022년 그와의 점심식사는 경매로 1,900만 달러(약 250억 원)에 낙찰되었다. 그만큼 그와 잠깐 점심을 먹고 투자 컨설팅을 받는 비용은 어마어마하다. 오마하의 현인이라 불리는 그는 "남들이 겁을 먹고 있을 때 욕심을 부려

라. 남들이 겁을 먹고 있을 때가 욕심을 부려도 될 때다"라고도 말했다.

투자에서 가장 중요한 요소는 타이밍이라고 볼 수 있는데, 워런 버핏은 항상 자신만의 투자 철학으로 남들은 생각하지 못하는 타이밍에 시의적절히 투자해왔다. 현재 90세가 넘은 나이에 약 160조 원의 자산을 소유하고 있다. 매년 사회기부도 많이 하는데 지금까지 약 45조 원을 기부했고, 죽기 전까지 가지고 있는 모든 재산을 사회에 환원하겠다고 하니 위대한 사람이라 할 수 있다.

당신이 잠든
동안에

당신이 잠든 동안에 어떤 일이 벌어지고 있는가? 깨어 있는 동안에만 돈을 벌고 있다면 이제라도 상황을 바꿔야 한다. 사실 요즘엔 근로소득만 가지고 생활해도 굶어죽는 일은 없다. 농경 시대야 흉년이 들면 굶어죽기도 했지만 요즘엔 그렇지 않다. 하지만 그냥 굶어죽지 않고 근근히 버티는 삶은 우리가 원하는 삶의 방향성이 아니다. 100세 시대란 60세에 은퇴해도 40년이란 시간이 우리를 기다린다는 뜻이다. 진정한 부는 이 망망대해와 같은 은퇴 후 40년을 돈 걱정 없이 풍요롭게 보냄을 의미한다.

부동산은 여러분이 잠든 사이 적어도 물가상승률만큼 올라간다. 여러분이 소액 부동산을 여러 채 투자해 세입자를 구해 전세를 놓으면 적어도 2년이라는 시간을 벌 수 있다. 2년이라는 시간은 여러분의 편이다. 2년간 일하지 않고 자산이 불어나는 경험을 할 수 있기 때문이다. 필자는 15년 전부터 소액 부동산 투자를 이어왔다. 필자가 선택한 물건은 대부분 20평대 구축 아파트, 빌라, 맨션이었다.

물론 필자가 처음 투자를 할 때와 지금은 투자환경이 많이 달라졌다. 그때는 LTV 70%까지 대출을 해줬다. 즉 1억 원짜리 아파트를 사면 7천만 원은 대출이 나왔다. 나머지 잔금 3천만 원 중 2천만 원은 월세 보증금 2천만 원, 월세 50만 원으로 대체가 가능했다. 즉 약 1천만 원만 있으면 1억 원짜리 소액 부동산을 살 수 있었다. 7천만 원의 은행 대출이자는 월세 50만 원으로 대체했다. 당시 대출금리는 4% 정도였는데 1년 이자를 계산해보면 280만 원(7천만 원×0.04)이다. 이것을 한 달로 나누면 23만 원(280만 원/12)이다(당시 대출은 원금과 이자를 같이 갚는 원리금균등상환이 아닌 2년 거치식이었음). 월세 50만 원이면

은행 이자를 내고도 돈이 꽤 남는다.

이처럼 대출을 활용하거나, 전세를 끼고 갭투자를 하는 방식으로 소액 부동산에 투자했다. 전세 기간 2년이 지나면 1억 원에 투자한 아파트가 1억 2천만 원 정도까지는 상승한다(이는 시황과 개별 물건의 특성에 따라 다르다). 그 뒤엔 전세 2년을 더 놓을지 아니면 매매를 할지 결정한다. 이런 식으로 고작 1천만 원으로 투자한 1억 원짜리 아파트가 2년 만에 폭발적으로 자산을 불려준다.

소액일수록
부동산이다

여러분이 소액으로 부동산에 투자해야 하는 이유는 안정성과 수익성에 있다. 흔히 소액 자본이면 주식, 펀드 등이 알맞다고 주장하는 전문가가 많다. 하지만 주식과 펀드는 리스크가 굉장히 크다. 또 가격이 저렴하고 안정적인 소액 부동산에 대해 잘 몰라서 하는 이야기다. 20평대 소액 부동산은 보통 매매가격 1억 원에서 2억 원 사이다. 이러한 물건이 안정적인 이유는 방 3개짜리 20평대가 주거 형태 중 가장 수요층이 넓기 때문이다.

즉 환금성이 높고 손바뀜이 잦다. 1인 가구뿐만 아니라 4인 가구까지 살 수 있기에 전세나 월세 수요층이 두텁다.

소액으로 소형 부동산에 투자해 전세나 월세를 놓으면 누구나 안정적으로 투자 수익을 누릴 수 있다. 무엇보다 가격이 저렴한 물건은 부동산 경기와 금리의 영향을 크게 받지 않는다. 부린이일수록 소액 부동산에 투자해야 하는 연유다. 액수가 큰 물건은 손바뀜도 적고 가격의 등락폭도 크다. 보통 소액 부동산은 1천만 원에서 2천만 원 정도 투자해서 2년이면 2천만 원에서 4천만 원 정도 수익이 나기 때문에 수익률만 놓고 보면 어마어마한 값이다.

생각보다 어렵지 않으니 꼭 실천해보길 바란다. 아무것도 하지 않으면 아무 일도 일어나지 않는다. 아직 종잣돈이 없다면 종잣돈을 모으면서 부동산 공부를 하면 된다. 일단 실천하면 조금이라도 인생이 바뀔 것이다. 필자는 여러분은 잠들어도 여러분의 부동산만큼은 잠들지 않기 바란다.

부린이일수록 소액 부동산에 투자해야 하는 이유를 정리해 보면 다음과 같다.

1. 소액(1천만~2천만 원)으로도 충분히 투자 가능
2. 20평대 소액 부동산은 수요가 많음

3. 투자금 대비 수익률 높음

4. 매매가격 1억 원 전후 소형 아파트는 안정성이 높음

5. 세금이 적다.

추가로 세금 부분에 대해 좀 더 설명하면, 소액 부동산은 다른 투자처에 비해 세금 면에서 유리하다. 예를 들어 1억 원을 은행 5% 정기예금에 불입할 경우 이자소득세(15.4%)만큼 세금이 붙는다. 즉 만기 시 1억 500만 원을 받는 것이 아닌, 약 1억 423만 원을 받는다. 부동산 투자의 경우 양도차익 5천만 원 이하는 2년 보유 시 10~15% 정도 양도소득세가 발생한다. 양도차익이 1억 원이면 양도세만 2,100만 원이다. 이에 반해 공시가격 1억 원 이하 주택은 취득세가 1%대이기 때문에 세금에서 비교적 자유롭다.

부의 추월차선에 올라타라

부동산 공부가 재테크의 시작이라면 부동산 투자는 재테크의 추월차선이다. 배우고 투자하면 실패하지 않는다. 무엇이든 시작은 배움에서 출발한다. 여러분이 처음 운전면허증을 따고 도로에 나가면 가장 어려운 것이 차선 변경일 것이다. 뒤에서 차가 와서 부딪힐 것 같은 두려움에 같은 차선만 고집하곤 한다. 그러나 두려움을 이겨내고 한두 번 시도해보면 어느새 요령이 생긴다. 수영도 마찬가지고, 기타 치는 것도 마찬가지다. 항상 처음이 어렵고 힘들다.

부동산 투자도 처음에는 두렵고 확신이 없다. 어느 지역에 어떤 부동산에 투자해야 할지 모른다. 지금 사야 될지 아니면 기다렸다 사야 될지도 모른다. 종잣돈을 열심히 모으긴 모았는데 막상 큰돈을 투자하려니 두려운 것이다. 누구나 투자는 두렵다. 15년 이상 부동산 투자를 해오고 있는 필자조차 가계약금을 입금하려면 두려움이 앞선다. 그동안의 경험과 확신이 있기에 용기가 두려움을 앞설 뿐이다. 용기가 두려움을 앞서기 위해서는 공부가 필요하다.

경제 공부는
필수

부동산은 실물자산이다. 실물자산은 정치, 경제, 사회, 문화, 예술 등 여러 분야가 유기적으로 엮여 영향을 주고받는다. 그래서 혹자는 부동산을 '종합예술과학'이라고 한다. 개인적으로 부동산 공부의 초석은 신문 구독이라고 생각한다. 일간지는 거의 모든 방면의 기사를 다룬다. 관심 분야가 아닐지라도 매일 꾸준히 읽으면 지식이 쌓인다. 세상이 어떻게 돌아가고 있는지도 배울 수 있다. 세계 경제와 국내 경제뿐만 아니라 지역 사회의

뉴스도 접할 수 있다. 한 달 신문 구독료 2만 원이면 가능하니 부담이 없다. 물론 스마트폰으로 여러 신문을 구독할 수도 있지만 공부용이라면 종이신문이 효과적이다.

필자는 군 제대 후부터 지금까지 신문을 구독하고 있다. 예전에는 4개까지 구독했는데 지금은 시간 때문에 2개만 본다. 바쁠 때는 신문의 헤드라인만 쭉 읽어도 많은 정보를 얻을 수 있다. 신문을 보면 부동산과 관련된 금리, 환율, 주가의 변동을 알 수 있다. 전문가의 칼럼을 통해 부동산 전망도 알 수 있다. 특정 지역 부동산에 미분양이 늘고 있는지, 전세가가 올라가는지, 거래는 잘되는지, 호재가 있다면 무엇인지 등을 신문을 통해 알 수 있다. 무엇보다 분양 예정 아파트 정보도 입수할 수 있다. 신문만 읽어도 경제 전반을 공부할 수 있기에 부린이라면 반드시 신문부터 구독해야 한다.

그다음으로 재테크 관련 책을 읽어야 한다. 책은 종류가 너무 많기에 무엇부터 읽어야 할지 감이 잘 오지 않을 것이다. 재테크, 투자 분야 책이 낯설다면 일단 베스트셀러부터 차근차근 읽기를 권한다. 베스트셀러는 공통점이 있다. 잘 팔리는 책은 그만큼 독자들의 궁금증을 확실히 해결해주고 친절히 설명해준다. 무엇보다 일단 책이 잘 넘어간다. 평소 책과 친하지 않다면 이 부분이 중요하다. 가독성이 떨어지면 완독이 어렵고, 아무리 내용이 유익해도 독자의 마음을 움직이지 못하면 소용없기 때문이다. 물론 베스트셀러라고 해서 다 좋은 책은 아니지만 베스트셀러는 대부분 시기적으로 사회적 이슈를 잘 반영하고 있다.

저자의 성공 스토리는 동기 부여도 되고 투자할 수 있는 용기도 심어준다. 필자도 처음 경매를 배울 때 책의 도움을 많이 받았다. 경매 이론뿐만 아니라 권리분석은 물론, 실전 명도 노하우 등 배울 게 많았다. 경매를 통해 성공한 전문가의 책을 10권 이상 읽으면서 자신감과 용기를 얻었다.

어느 정도 공부가 되었다면 이제는 발로 뛸 차례다. 부동산 투자는 현장에 답이 있다. 왜냐하면 '동산(動産)'이 아니라 '부동산(不動産)'이기 때문이다. 동산이면 내가 사서 들고 다니며 볼 수 있지만 부동산이기에 현장에 직접 가봐야 안다. 그래서 '사촌이 땅을 사면 배가 아프다'는 말은 틀린 말이다. '사촌이 땅을 사면 가본다'가 맞는 말이다. 현장에 가보지도 않고 배가 아플 것이 아니라 사촌이 땅을 샀다면 현장에 직접 가서 확인해야 한다. 땅이 도로가 없는 맹지는 아닌지, 개발이 불가능한 보존지역은 아닌지 말이다.

이렇듯 부동산은 현장에 답이 있다. 종종 부동산에 투자하면서 현장에 가보지도 않고 투자를 결심하는 사람이 있다. 공인중개사의 말만 믿고 투자를 한다. 나중에 잘못 산 것을 알고 뒤늦은 후회를 해도 소용없다. 그땐 벌써 한발 늦었다.

부동산에 투자하기 위해 현장에 직접 가보는 것을 '임장(任掌)'이라고 한다. 임장 활동을 통해 많은 정보를 입수할 수 있다. 현장에 직접 가야 인터넷에서 볼 수 없는 현장의 기운을 느낄 수 있다. 필자 또한 투자를 할 때 반드시 현장과 주변 환경을 살펴본다. 주변에 쓰레기소각장이나 장례식장 등 비선호시설은 없는지 꼼꼼히 확인한다.

부동산 근처 오래된 슈퍼마켓도 반드시 방문한다. 보통 오래된 슈퍼마켓 주인이 그 동네 반장이나 통장일 가능성이 높다. 음료수를 사면서 이 아파트에 대해 자세히 물어보면 대략 이곳 분위기를 알 수 있다. 젊은 사람이 많이 사는지, 나이든 사람이 많이 사는지, 초등학교는 어디로 다니는지, 오래된 아파트면 재개발·재건축에 대한 이야기도 슬쩍 물어본다. 경우 없이 굴지만 않으면 다들 거리낌 없이 잘 알려준다. 어떤 때는 슈퍼마켓 주인 때문에 거래를 한 적도 있다. 때마침 급매 물건을 소개해줘서 주변 시세보다 싸게 살 수 있었다. 이렇듯 해당 지역에서 오래 장사한 슈퍼마켓을 잘 활용하면 고급 정보를 얻을 수 있다.

마음 설레는 일은
힘들지 않다

여러분이 부동산 투자가 적성에 맞는지 안 맞는지 알 수 있는 방법이 있다. 바로 '설렘'이다. 내일 먼 지역까지 임장을 가야 한다면 여러분은 어떤 마음이 드는가? 아마도 가슴 설레는 사람과 귀찮은 사람으로 나뉠 것이다. 마음이 설레는 사람은 부동산 투자가 적성에 맞는 것이고, 귀찮은 사람은 부동산 투자에 적성이 없는 것이라고 단언한다. 마음 설레는 일은 힘들지 않다.

필자가 부동산 투자를 오랫동안 해보니 부동산은 외향적이고 호기심이 많고 활동적인 유형이 잘한다. 임장을 가기로 결정하면 일단 쿵쾅쿵쾅 가슴이 뛰어야 한다. 이런 성향의 사람은 아무리 발품을 팔아도 힘들지 않다. 내가 좋아하고 즐거운 일은 일이 아닌 놀이이기 때문이다.

종잣돈을 모으고 투자를 하기까지 지난한 과정을 견디기란 쉽지 않다. 종잣돈을 모으는 시기를 기회 삼아 부동산 공부를 병행한다면, 1년이든 2년이든 그러한 고통의 시간을 잘 인내한다면 당신도 충분히 부자가 될 수 있다. 인내는 쓰나 열매는 매우 달다. 다시 한번 강조하지만 부동산은 부의 추월차선이다.

부동산 투자는 여러분이 부자가 되는 지름길이다. 예나 지금이나 변하지 않는 이 진리의 길에 들어선 여러분을 환영한다.

빈자는 적금에 목매고 부자는 부동산을 산다

빈자와 부자의 가장 큰 차이점은 무엇일까? 빈자는 돈이 없고 부자는 돈이 많다. 행복은 돈으로 살 수 없다지만 돈이 없으면 불편한 것이 사실이다. 20대 때는 돈이 없어도 조금 불편한 정도지만, 30~40대 때는 가정의 생사가 달려 있다. 50~60대 때는 또 어떤가? 그 시기에는 가진 돈이 사회적 지위와 체면을 나타내고, 70대 이후에는 생존의 문제와 엮여 있다. 돈은 절대적이다. 돈이 없으면 편안하게 죽지도 못한다.

넷플릭스 드라마 〈오징어게임〉에 나오는 1번 참가자는 이런 말을 했다. "돈이 하나도 없는 사람과 돈이 너무 많은 사람의 공통점이 뭔지 아나? 사는 게 재미가 없다는 거야." 신선한 충격이었다. 돈 없는 사람이 사는 게 재미없다는 말까지는 이해가 되는데 돈이 너무 많은 사람도 그렇다니. 처음에는 이해가 되지 않았다. 그러나 곰곰이 생각해보니 언제든 자유롭게 하고 싶은 일을 하고, 사고 싶은 물건을 사는 삶이 행복하지만은 않겠다 싶었다. 왜냐하면 간절하지 않기 때문이다. 간절해야 희망이 있고, 간절해야 목표가 있다. 무엇이든 쉽게 할 수 있는 부자의 삶은 당연히 간절함이 없을 것이다. 인생이 마냥 재미있을 리 없다.

여러분은 간절함이 있다. 부동산 투자를 통해 부자가 되겠다는 간절함이 있다. 그러니 투자가, 더 나아가 인생이 재미있다. 필자도 마찬가지다. 아직 이루지 못한 꿈이 있어 오늘도 열심히 노력하고 있다. 목표가 있으니 그것을 원동력 삼아 열심히 산다. 조금씩 꿈에 가까워질수록 인생이 재미있다.

필자의 꿈은 4층짜리 전용면적 40평 정도의 상가건물을 소유하는 것이다. 1층은 카페, 2층은 법인 부동산, 3층은 부동산 아카데미, 4층은 스터디카페를 운영하고 싶다. 그리고 지하에는 코인노래방을 입주시켜 내가 좋아하는 노래를 실컷 부르고 싶다. 물론 내가 가진 아파트를 팔면 지금도 가능하지만 여윳돈 없이 곧바로 하기는 싫다. 내 삶은 상가건물만을 위한 것이 아니기 때문이다. 나와 가족의 노후도 함께 준비해야 한다.

요즘 똑똑한 한 채가 유행처럼 번지면서 상급지로 갈아타는 사람들이 많다. 똑똑한 한 채는 돈이 많이 들어간다. 소액 부동산과 달리 1억~2억 원 가지고는 살 수 없다. 돈이 없는 사람은 그림의 떡이다. 한번은 필자가 운영하는 부동산 아카데미 수강생들에게 여유자금이 얼마인지 물었다. 수강생 대부분 5천만 원에서 2억 원 사이라고 답했다. 결국 수십억 원을 호가하는 똑똑한 한 채는 그들만의 리그라고 할 수 있다.

똑똑한 한 채가 유행인 것은 큰 시세차익을 남길 수 있기 때문이다. 소액 부동산의 경우 고액의 똑똑한 한 채처럼 큰 시세차익은 기대할 수 없지만 그래도 투자액 대비 수익률은 쏠쏠한 편이다. 또 조금만 노하우와 경험이 쌓이면 안전하게 시세차익을 얻을 수 있다. 물론 이를 위해서는 어느 정도 투자 기술이 필요하다.

예를 들어 비교적 단기간에 재건축이 될 수 있는 아파트인지 아닌지 구별할 수 있어야 하고, 입지도 경쟁력 있는지 꼼꼼히 따져야 한다. 역세권 여부도 중요하다. 지하철역 또는 GTX 예정지와 가까이 있어야 아파트 분양이 잘되기 때문이다. 세대 수가 1천 세대 이상 나와야 인기가 많고, 대지지분도 15평 이

용적률 100%, 200% 예시

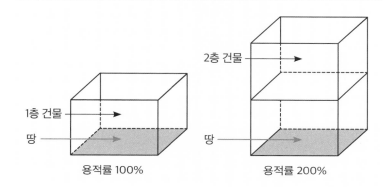

용적률 100%   용적률 200%

상 되어야 한다.

대지지분은 구축 아파트를 철거하고 토지만 남을 경우 세대당 돌아가는 토지면적을 뜻한다. 당연히 세대당 대지지분이 넓을수록 신축 아파트 재건축이 용이하다. 용적률은 적어도 250% 이하여야 한다. 용적률은 대지지분에 따른 연면적을 나타낸다. 공식은 다음과 같다.

용적률=연면적/대지면적×100

용적률 비율이 높을수록 추가적으로 지을 수 있는 건축면적이 줄어들기 때문에 재건축 대상일 경우 용적률은 낮은 게 좋다. 윤석열 대통령의 공약 중 하나가 재건축 용적률 500% 상향이었다. 소형 아파트의 용적률이 250% 이하라면 아직도 250% 이상을 더 지을 수 있기 때문에 조합원 비율보다 일반분양 세대수가 늘어난다. 당연히 조합원의 추가분담금 역시 그만큼 줄어들어 재건축 속도가 빨라진다.

예적금의 늪에서
벗어나야 한다

만일 아직 예적금이라는 잘못된 길을 걷고 있다면 지금이라도 방법을 달리해야 한다. 조상 대대로 부자가 아니라면 더더욱 그렇다. 부자는 망해도 3년은 간다는데 여러분은 부자가 아니기 때문에 3년도 가지 못한다. 그럼에도 불구하고 아직도 투자를 하는 사람보다 투자를 하지 않는 사람이 더 많다. 원금을 지켜주는 예적금에 목맨다. 금리가 상승하는 시기라고 하지만 먼 옛날의 고금리까지 치솟을 수는 없다. 이제는 세계 경제가 10% 이상 상승할 수 없다. 저성장, 저금리, 저출산이라는 '3저 시대'의 숙명이다. 지금의 금리 상승기도 물가가 잡히면 막을 내릴 것이다. 시대가 갑자기 달라져 '3고 시대'가 될 리 없다.

필자가 초등학교에 다닐 때만 해도, 정확히는 국민학교에 다닐 때만 해도 매주 저축을 했다. 학교에서도 저축의 중요성을 굉장히 강조했다. 반에서 매달 저축을 많이 한 학생에게는 저축상도 줬다. 그때는 금리가 높았기에 저축만 꾸준히 많이 해도 부자가 될 수 있었다. 당시에는 복리상품도 꽤 많았는데, 필자의 한 지인은 아직까지도 복리상품을 해지하지 않고 보유하고 있다. 은행에서 제발 해지하라고 주기적으로 연락이 오지만 미동도 없다. 은행에서 명절에도, 결혼기념일에도 선물이 오지만 지인은 해지할 생각이 추호도 없다. 이유는 간단하다. 앞으로 이런 고금리 상품은 나올 수가 없기 때문이다.

저축만으로 부자가 되는 시대는 지났다. 그럼에도 아직까지 저축에 목숨을 거는 이가 많다. 0.1% 더 높은 이자를 얻기 위해 이곳저곳을 기웃거린다. 상호저축은행, 신협, 축협 등 금리가 높은 상품은 출시와 함께 불티나게 팔린다. 부지런하게 예적금 상품을 쫓는 근면성실함을 비난할 생각은 없다. 하지만 0.1%가 아니라 1% 더 높은 금리를 받아도 여러분은 부자가 되지 못한다. 물가상승률과 화폐가치 하락을 금리가 이기진 못하기 때문이다. 여러분이 1년 정기 적금을 들어서 2~3% 금리를 받아도 1년 사이 물가는 그보다 더 상승한다. 시중통화량이 증가하면서 화폐가치는 더욱 하락한다. 물가상승률과 화폐가치를 놓고 보면 본전도 챙기지 못하는 셈이다.

세상에 공짜는 없다. 소득이 있는 곳에 반드시 세금이 있기 마련이다. 은행 이자에는 이자소득세가 무려 15.4%나 붙는다. 필자가 소액 부동산 투자를 하면서 평균적으로 10~20% 양도소득세를 내는 것을 감안하면 이자소득세가 결코 적지 않다. 그러나 사람들은 양도소득세에는 학을 떼면서 이자소득세에 대해서는 무감각하다. 왜냐하면 이자소득세는 애초에 은행에서 떼고 나오기 때문이다. 여러분이 신고하고 납부하는 양도소득세는 내 지갑에 들어온 돈을 내가 직접 빼서 내기 때문에 아깝게 느껴지지만 원천징수되는 이자소득세는 체감하기가 어렵다. 금리가 높을수록 이자소득세의 규모도 자연스레 커진다.

가난한 사람은 예적금에 몰두하고 부자는 부동산 쇼핑에 몰두한다. 똑같은 나이에 직장에 다니면서 월급을 모아 적금에 넣은 사람과 부동산 투자를 한 사람이 있다고 가정해보자. 당장에야 큰 차이가 없겠지만 5년, 10년 뒤에는 엄청난 차이를 보인다. '요즘 시대에 저축이라도 하는 게 어디야?'라고 위안하지 말자. 어떤 일을 시작하든 여러분 자유지만 그 결과는 여러분의 몫이다.

펀드와 주식?
부동산이 답이다

얼마 전 동학개미운동이 전국에서 불 번지듯 일어났다. 애국심으로 똘똘 뭉친 전국의 개인 투자자가 국내 우량주인 삼성전자를 사기 시작했다. 삼성전자를 1주라도 보유하는 것이 마치 애국하는 일처럼 여겨지면서 삼성전자 주주가 600만 명을 돌파했다. 남녀노소 할 것 없이 이 운동에 참여하면서 주가가 급등하자 전문가들은 10만 원, 15만 원까지 갈 것이라고 이구동성 외쳤다.

동학개미운동이 일어난 후 수년이 흘렀다. 인플레이션으로 주식 시장 열풍은 하루아침에 싸늘하게 식었다. 일확천금을 꿈꾼 동학개미들의 도전도 막을 내리는 모양새다. 허탈하게 손을 털고 나오는 개미가 속출하기 시작했다. 2021년 1월 15일 사상 최고가인 9만 6,800원을 찍으며 소위 '10만 전자' 소리를 듣던 삼성전자의 주가는 2023년 상반기 기준 5만~6만 원대를 전전하고 있다. 필자의 지인 중에는 삼성전자 주식에 투자해 1억 원 이상 손해를 본 경우도 있다.

필자도 동학개미까지는 아니지만 비교적 일찍 삼성전자에 들어갔는데 현재까지 마이너스 수익률을 기록하고 있다. 자식보다 주식이 낫다고 너도나도 주식에 뛰어들었지만 결과가 좋은 경우는 그리 많지 않다. 물론 당장 안 팔고 안 가져가면 손해는 보지 않겠지만 언제 다시 오를지 몰라 마음이 쓸쓸하기만 하다.

주식 투자의 가장 큰 매력은 적은 돈으로 기업의 주주가 될 수 있다는 부분이다. 그러나 한 번 크게 물리면 언제 매도 타이밍을 잡을지 알 수가 없다. 투자자 개인이 주도적으로 기업경영에 참여할 수 없기 때문에 오르길 기도하는 마음으로 주식을 살 뿐이다.

주식도 장기투자가 답이라며 길게 보고 투자하라고 전문가들은 이야기하지만 그게 뜻대로 되지 않는다. 매일 주식 시황을 안 볼 수 없고, 증권 계좌를 하루에도 수십 번씩 들어가며 마음을 졸인다. 주식은 내가 언제든지 사고팔 수 있다는 것이 가장 큰 매력이지만 그것이 가장 큰 단점이기도 하다. 차라리 강제로 1년 동안 팔지 못한다고 하면 마음이라도 편할 텐데, 주식 투자란 녀석은 참 어렵다.

펀드도 마찬가지다. 아주 먼 옛날에 필자도 펀드 투자를 했다. 20대 때였는데 당시 중국, 인도, 브라질 등 신흥국에 투자하는 해외 펀드가 인기가 많았다. 인구가 폭발적으로 증가하는 신흥 경제대국으로 성장할 가능성이 있는 나라에 투자하는 친디아(중국, 인도) 펀드, 브릭스(브라질, 러시아, 인도, 중국) 펀드로 돈이 몰렸다. 그런데 펀드란 게 무엇인가? 펀드는 특정한 목적을 위해 모아진 자금을 자산운용사가 투자자들을 대신해 운용하는 금융상품이다. 여기서 투자자들은 돈만 내고 운용은 자산운용사가 한다. 결국 투자자는 운용에 개입하지 못한다.

만약 자산운용사가 펀드를 잘못 운영해서 손실을 보더라도 투자자는 아무 말도 할 수 없다. 믿고 맡겼기 때문에 책임은 투자자에게 있다는 말이다. 필자는 펀드 투자를 통해 많은 돈을 잃었다. 지금 생각하면 큰돈은 아니지만 당시 손실을 본 몇백만 원은 전 재산과 다름없었다.

주식보다 부동산
부자가 많은 이유

주식, 펀드보다 부동산 투자가 나은 이유는 간단하다. 주변에 주식, 펀드로 떼돈 벌었다는 사람보다 부동산 투자로 큰돈을 만진 사람이 훨씬 많지 않은가? 아파트를 잘못 사서 망한 사람보다 주식에 잘못 투자해서 길거리에 나앉은 사람이 훨씬 많다. 또 우리나라에 주식 안 하는 부자는 있어도 부동산 안 하는 부자는 드물다.

투자 격언에 소문에 사서 뉴스에 팔아야 한다는 말이 있다. 뉴스에 나오면 벌써 끝났다는 이야기다. 그러나 많은 사람이 뉴스에 열광한다. 지금이 기회라고 생각한다. 그리고 아무런 의심 없이 많은 돈을 투자하고 실패를 맛본다. 필자는 주식과 펀드도 좋은 투자처라고 생각한다. 그러나 주식과 펀드는 내가 개입할 수 있는 일이 많지 않다. 바닥일 때 들어가서 장기투자로 오래 가져가면 되는데 사람인 이상 쉽지 않다. 계좌를 안 볼수가 없다. 조금이라도 오르면 팔고 싶고, 조금이라도 떨어지면 마음이 불안해진다. 초인적인 인내력을 가졌다면 주식, 펀드도 나쁘지 않지만 대부분 일희일비 흔들리다 보니 돈 버는 이가 적다.

1천만 원 부동산 투자

반면 부동산은 세금 문제 때문에라도 강제로 장기투자를 하게 된다. 실시간으로 일희일비하며 사고팔 수 없으니 실수할 일도 적다. 투자는 항상 시간이 필요하다. 과일이 열리기 위해 봄, 여름, 가을, 겨울이 필요하듯이 투자도 시간이 필요하다. 주식과 펀드는 언제든 사고팔 수 있기에 투자와 동시에 매도를 고민한다. 소위 '단타'라고 불리는 단기투자로 재미를 보는 이도 분명 있지만, 세상에 어떤 투자가 하루아침에 확정적으로 일확천금을 안겨준단 말인가? 그것은 우물에서 숭늉을 찾는 것과 같다.

펀드는 여러분이 펀드매니저에게 높은 수수료를 내고 운용을 의탁하는 개념이다. 언제 어떤 타이밍에 무엇을 얼마만큼 투자하는지 여러분은 잘 모른다. 포트폴리오나 운용보고서를 공개하긴 하지만 솔직히 그걸 꼼꼼하게 읽고 투자하는 이가 얼마나 될까. 펀드 역시 주식과 마찬가지로 세계 경제 침체와 금리 인상 시기에는 결국 하락한다. 계속 떨어져도 견딜 수 있다면 적립식 투자로 저렴한 가격에 수량을 모아갈 수 있지만 그 기간이 길어지면 인내심에도 한계는 온다. 태반이 도중에 손절하면서 손해를 본다.

물론 주식 투자와 마찬가지로 펀드 투자로 돈을 많이 번 사람도 있다. 하지만 초보 투자자나 사회초년생의 경우에는 쉽지 않은 일이다. 펀드 투자도 주식 투자와 마찬가지로 내가 할 수 있는 일은 사는 것과 파는 것 두 가지뿐이다. 운용의 방향은 결국 펀드매니저가 결정한다. 무엇보다 펀드는 수수료가 높기 때문에 배보다 배꼽이 큰 경우가 많다. 수익이 나도, 손해가 나도 수수료는 빠짐없이 빠져나간다.

필자는 과거에 주식과 펀드 투자로 돈을 잃어본 경험이 있다. 반면 부동산 투자에서는 큰돈을 벌었다. 부동산으로 잃고 주식과 펀드로 돈을 많이 버는 반대의 경우도 충분히 있을 수 있다. 그러나 주위를 둘러보라. 주식, 펀드보다 부동산으로 돈을 번 유형이 훨씬 많다. 이는 자명한 사실이다. 투자자로서 필자는 부동산의 손을 들어주고 싶다.

주식과 부동산의 차이점 7가지는 다음과 같다.

1. 부동산은 내가 용도 변경을 할지, 리모델링을 할지, 전세를 놓을지 월세를 놓을지 등 적극적인 개입이 가능하다.
2. 부동산과 달리 주식, 펀드는 내가 직접 개입할 부분이 적다.
3. 불필요하게 너무 자주 시세를 보지 말아야 하는데 주식, 펀드는 사람인 이상 하루에 수십 번도 더 본다.
4. 부동산은 전세를 놓음으로써 2년 또는 4년의 시간을 벌 수 있다.
5. 주식의 가치는 'O'으로 수렴할 수 있지만 부동산은 건물과 토지는

남는다.

6. 화폐가치 하락을 헤지(hedge)하기 위해선 실물자산이 답이다.

7. 주식은 사용가치가 없지만 부동산은 사용가치(임대, 거주)가 있다.

주식과 부동산 투자의 7가지 차이점을 인지했다면 이제 길이 명확해졌을 것이다. 주식 투자가 아닌 부동산 투자를 먼저 시작해야 한다. 첫 번째 재테크 수단으로 무엇을 선택하느냐에 따라 성공과 실패의 갈림길에 서게 될 것이다.

여러분이 부동산 투자를 선택하길 바란다. 부동산 투자를 통해 주거 안정성을 높이고, 소액 부동산 투자로 차근차근 부동산을 모았으면 한다. 근로소득이 아닌 임대소득과 시세차익을 남길 수 있는 부동산 투자야말로 최고의 투자 수단이다. 전세 주기인 2년마다 연금 못지않은 두둑한 목돈을 얻을 수 있다. 그 돈을 당장 급한 생활비로 써도 되고 아니면 또 다른 투자처에 투입해 재산을 불려도 좋다.

만일 그럼에도 주식 투자를 포기하지 못하겠다면 부동산 투자와 꼭 병행하길 바란다. 그리고 되도록 미국 주식에 투자하기 바란다. 전 세계 주식 시장에서 가장 큰 비중을 차지하는 건 미국 시장이기 때문이다. 한국 주식 시장의 비중은 글로벌 시장의 2%에 불과하다. 미국 증시에서 시가총액 상위 종목의 경우 한 종목이 한 국가의 전체 시가총액과 맞먹는다. 실제로 코스피와 코스닥 전체 시가총액보다 애플의 시가총액이 더 높다. 그만큼 전 세계 증권 시장의 큰 흐름을 미국 주식이 만들고 있다. 미국 주식에 투자하면 수익률과 성장률 두 마리 토끼를 잡을 수 있다.

1천만 원 부동산 투자

정부 정책에
부화뇌동 말라

우리나라는 5년 단임제의 대통령제다. 5년마다 대통령이 바뀐다. 당연히 정권에 따라 부동산 정책도 바뀐다. 대통령 후보의 부동산 정책 공약에 따라 앞으로의 5년이 결정된다. 2022년 20대 대통령으로 윤석열 대통령이 당선되었다. 윤석열 대통령의 부동산 정책은 인수위원회에서도 밝혔듯이 규제 일변도였던 전 정부의 정책에서 벗어나 완화 정책이 이어질 것으로 기대된다.

어느 정권이든 정부는 부동산 가격이 폭등하거나 폭락하는

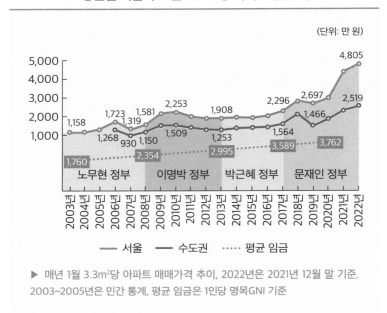

정권별 서울·수도권 3.3m²당 아파트 값 변화

(단위: 만 원)

▶ 매년 1월 3.3m²당 아파트 매매가격 추이, 2022년은 2021년 12월 말 기준,
2003~2005년은 민간 통계, 평균 임금은 1인당 명목GNI 기준

자료: 부동산R114, 통계청, 한국부동산원

것을 지켜만 볼 수는 없다. 반드시 정상화에 가깝게 돌려놓는 것이 정부의 역할이다. 부동산이 가열되어 폭등하면 대출과 세금을 통제해 더 이상 집을 사지 못하게 하고, 반대로 부동산 심리가 얼어붙어 거래 절벽이 이어지면 대출과 세금 규제를 풀어 거래를 일으킨다. 적당히 물가상승률만큼 부동산이 올라가는 것을 정부는 바란다.

여러분이 부동산 투자자라면 정부의 부동산 정책에 너무 일희일비할 필요가 없다. 부화뇌동해서 집을 샀다가 팔았다가 서두를 필요가 없다는 뜻이다. 만약 지금이 부동산 가격이 상승하는 시점이라면 곧 정부의 규제가 들어올 것이다. 반대로 부동산 가격이 하락하는 시점이라면 곧 부동산 규제 완화책이 발표될 것이다. 굉장히 간단한 이치다. 정부 정책은 언제나 시장을 반영한다.

정책이 바뀌어도
기차는 달린다

세상에는 돈을 많이 버는 사람, 돈을 적게 버는 사람, 그리고 돈을 못 버는 사람 세 분류의 사람이 있다고 생각한다. 돈을 적게 버는 사람은 남들과 같이 생각하고 남들처럼 행동하기 때문에 적게 번다. 반면 돈을 많이 버는 사람은 남들이 가지고 있지 않은 자신만의 무기가 있다. 그것은 무엇일까? 바로 기술이다. 돈 버는 기술 말이다.

여러분은 돈 버는 기술이 있는가? 남들은 흉내 낼 수 없는 자신만의 기술이 있는가? 그것이 없다면 돈을 많이 벌 수 없다. 집안에 돈이 많아 돈이 돈을 버는 금융 투자를 하지 않는 이상

특별한 기술은 반드시 필요하다. 요리를 잘하는 사람은 식당을 통해 돈을 많이 번다. 자동차를 잘 다루는 사람은 정비센터를 통해 돈을 많이 번다. 공부를 잘하는 사람은 고시에 합격하거나 학원 강의나 과외를 통해 돈을 많이 번다. 운동을 잘하는 사람은 프로구단에 입단해 돈을 많이 번다. 이처럼 제각기 자신만의 기술을 가지고 돈을 번다.

여러분에게 지금이라도 기술을 연마하고 배우라고 이 책을 쓴 것은 아니다. 특별한 기술은 없어도 누구나 특별한 생각은 할 수 있다. 남들은 생각하지 못하는, 혹은 생각은 하더라도 실천으로 옮기지 못하는 그 무언가를 실현해 남들과 다르게 투자하면 된다. 부자들은 부동산 침체기 때 부동산에 투자한다. 정부의 규제책이 시작되면 바빠지기 시작한다. 투자할 시기가 왔다고 생각하기 때문이다. 대부분의 부린이는 부동산 가격이 오를 때 꼭지에서 사지만 부자는 남들이 투자하지 않을 때 오히려 투자를 한다.

여러분도 생각을 바꾸면 부자가 될 수 있다. 물론 하락장에서 부동산 투자를 하기란 쉽지 않다. 매스컴에서 연일 부동산 가격이 떨어질 것이라고 떠드는 시기에 선뜻 지갑을 열기란 쉬운 일이 아니다. 개인적으로 필자는 미분양 아파트 투자를 선호한다. 늘 전국의 미분양 아파트를 검색하고 괜찮은 지역에 있는 물건은 직접 현장을 둘러보기도 한다. 미분양 아파트는 미분양된 이유가 반드시 있다. 그 이유를 분석하고 가능성을 타진해 투자한다. 그러면 귀신처럼 입주 시점이 되었을 때 가격이 상승한다. 입주 시점에 매도할 수 없다면 전세를 놓고 시간을 좀 더 두고 매도 타이밍을 잡는다.

미분양 아파트는 시기를 잘못 잡아서 미분양이 발생하는 경우가 많다. 부동산 경기가 좋을 때 분양했다면 대박 날 곳도 분양 시기가 좋지 못하면 미분양된다. 이런 물건은 투자가치가 높다. 부동산은 경기에 민감하다. 그리고 금리에는 더 민감하다. 부동산 경기가 하락하는 시점과 금리 상승기에 분양한 아파트는 아무리 좋은 조건이어도 미분양 가능성이 크다. 전국의 내로라하는 랜드마크 아파트 중에도 분양 초기 미분양이었던 물건이 꽤 많다. 잘 고른 미분양 아파트 하나 열 아파트 안 부럽다는 말이 나오는 이유다.

투자가치가 높은 미분양 아파트의 조건은 다음과 같다.

1. 역세권 여부

일단 첫째로 미분양 아파트의 입지가 역세권인지 살펴봐야 한다. 아파트에서 걸어서 지하철까지 최소 10분 안에 도착해야 한다. 그리고 아파트에서 지하철까지 500m 안에 있어야 한다.

걸어서 10분 만에 역에 도착하고 거리가 500m 안으로 떨어져야 진정한 역세권이다. 2가지 조건에 부합해야 하는 이유는 우리나라는 산이 많아서 평지가 아닌 고지대에 위치한 아파트가 많기 때문이다. 거리상으로는 분명 500m 안인데 경사가 높아 10분 안에 도착하기 힘든 물건이 꽤 많다.

2. 분양가

아파트 분양가가 착해야 한다. 착하다는 말은 주변 아파트보다 저렴하다는 뜻이다. 주변 아파트보다 분양가가 너무 비싸면 주의가 필요하다. 물론 구축과 신축은 가격이 다르다. 당연히 신축이 구축보다 전세가나 매매가가 비싸다. 그러나 분양가가 너무 높으면 입주 때 전세금만 가지고 잔금을 치르기 어렵다. 목돈이 없으면 어려움을 겪는다. 매매 시 투자수익률도 떨어지기 때문에 분양가를 반드시 분석해야 한다. 필자는 신축 아파트 분양가가 주변 시세보다 20% 이상 저렴하면 '묻지마 투자'도 가능하다고 생각한다. 물론 입지가 나쁘지 않으면 말이다. 부동산은 착공부터 입주까지 물리적인 시간이 필요한 만큼 미래 가치를 내다보고 매수에 나서야 한다. 시간이 흘러 입주 시점이 되면 신축 아파트의 인기가 올라가기 때문에 시세차익을 많이 남길 수 있다.

3. 주변 공급물량

입주 시 주변 공급물량이 적은 곳에 투자해야 한다. 아파트 전세가와 매매가는 결국 아파트 공급물량에 따라 결정된다. 입주 시점 해당 지역 주변의 공급물량을 적절히 분석해 투자를 결정하기 바란다. 입주 시점에 인근 단지 공급물량이 많으면 아파트 전세가가 내려가고 매매가도 하락한다. 잊지 말자. 공급에 장사 없다.

4. 전세가=분양가 여부

아파트 입주 시 전세가와 분양가가 비슷해지는 미분양 아파트를 선택하면 계약금 10% 외에 추가 비용이 발생하지 않는다. 예를 들어 아파트 분양가가 5억 원이면 계약금은 10%인 5천만 원이고, 잔금은 4억 5천만 원이다. 만약 이 아파트의 전세가가 4억 5천만 원, 즉 분양가와 최대한 비슷하게 형성된다면 전세입자를 받아 잔금을 치를 수 있다.

정부 정책에 부화뇌동하지 말라는 말은 정부 정책에 너무 겁먹지 말고 멘탈을 지키면서 소신껏 투자하라는 이야기다. 개인적으로 필자는 정부가 집을 사라고 하면 반드시 사야 할 때라고 생각한다. 그리고 정부에서 부동산 규제책을 펼치며 고삐를 쥐면 눈치를 보다가 틈새시장을 공략하면 된다고 생각한다. 알다시피 문재인 정권 때는 개인의 부동산 투자를 엄격히 통제하던 시절이었다. 그러자 투자자들은 법인을 만들어 투자했고, 법인을 통해 투자한 사람은 큰 수익을 남겼다. 이후 정부가 법인 투자를 막자 개인 투자가 폭발적으로 늘어났고, 취득세 중과를 하니 취득세 중과에서 자유로운 공시가격 1억 원 이하의 소액 투자로 이목이 집중되었다.

부동산 가격은 정부의 정책에 의해서 결정되지 않는다. 정부의 정책이 부동산 투자 심리에 어느 정도 영향을 미치는 것은 맞지만, 절대적으로 부동산 가격을 결정하지는 못한다. 결국 부동산은 필수 재화이기 때문에 수요와 공급에 의해서 가격이 결정된다. 우리가 중학교 때 배운 수요와 공급 법칙은 부동산 시장에도 적용되는 절대 공식이다.

은퇴 후 40년,
100세 시대에 대비하라

"인생은 짧고 예술은 길다."

의학의 아버지 히포크라테스의 유명한 명언이다. 이제는
이 말을 바꿔야 할 때가 온 것 같다. 인생도 길고 예술도 길다
고 말이다. 100세 시대라는 말에 이제 누구나 공감할 것이다.
우리는 비록 100세까지 살지 못하더라도 적어도 우리 자식
세대는 충분히 100세까지 살 것 같다. 지금도 장례식장에 가
면 80세 넘으신 분들이 많다. 90세 이상도 가끔씩 볼 수 있다.

1970년생은 특별히 큰 병이 없는 한 최소한 90대까지는 살 것 같다.

필자가 수명을 언급하는 이유는 우리의 인생이 짧지 않다는 말을 하기 위해서다. 은퇴를 보통 60세에 하니깐 은퇴 후 최소 30~40년을 더 살아야 한다. 이마저도 긍정적으로 생각해야 60세지 실제로 우리가 체감하는 퇴직연령은 60세보다 훨씬 더 빠르다. 노후 준비를 잘한 사람은 은퇴 후의 삶이 축복이지만 그렇지 못한 사람은 은퇴 후의 삶이 지옥이 될 수 있다.

우리나라는 OECD 국가 중 노인빈곤율, 노인자살률 1위를 기록하고 있다. 우리나라 65세 이상 노인 인구 중 소득이 상대 빈곤선(중위소득의 50%) 이하인 비율은 43.2%다. OECD 평균인 13.1%보다 3배 이상 높다. 노인빈곤율은 높은 자살률로 이어진다. 우리나라 노인자살률은 OECD 국가(평균 17.2명) 중에서도 압도적인 1위다.

여러분은 은퇴 후 수십 년을 살기 위해 무엇을 준비했는가? 국민연금만으로는 부족하다. 은퇴 후 일하지 않고 여유롭게 사는 삶을 꿈꾸지만 현실은 그렇게 녹록지 않다. 2021년 국민연금연구원의 조사에 따르면 특별한 질병이 없는 50대 이상이 필요한 한 달 생활비는 부부 기준 평균 월 277만 원, 개인 기준 월 177만 원인 것으로 나타났다. 최소 생활비는 각각 이보다

1천만 원 부동산 투자

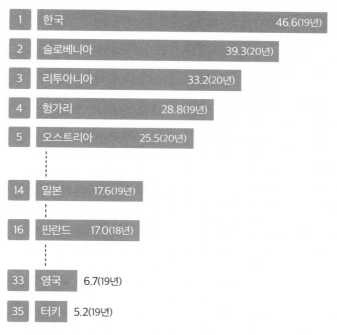

OECD 회원국의 노인자살률

(단위: 명, 괄호는 기준 연도)

1	한국	46.6(19년)
2	슬로베니아	39.3(20년)
3	리투아니아	33.2(20년)
4	헝가리	28.8(19년)
5	오스트리아	25.5(20년)
14	일본	17.6(19년)
16	핀란드	17.0(18년)
33	영국	6.7(19년)
35	터키	5.2(19년)

▶ 인구 10만 명당 명, 65세 이상 기준

낮은 198만 원, 124만 원이었다. 하지만 특별한 질병이 없어야 한다는 전제조건부터 굉장히 허들이 높다. 그럼 국민연금 평균 수령액은 어떨까? 2021년 국민연금의 월평균 수령액은 약 56만 원이었다. 턱없이 부족하다.

우리가 퇴직할 땐 화폐가치가 더 떨어질 테니 생활비를 부부 기준 월 300만 원으로 넉넉히 잡아보자. 그럼 1년이면 3,600만 원, 10년이면 3억 6천만 원, 30년이면 10억 8천만 원이 필요하단 소리다. 은퇴 후 최소 생활비로 현금 10억 원이 필요하다는 결론이 나온다. 잡코리아, 알바몬이 30~40대 남녀 직장인 2,385명을 대상으로 노후 준비 현황에 관한 설문조사를 실시했다. 결과는 충격적이었다. '현재 노후 준비를 잘하고 있다고 생각하는가?'라는 질문에 긍정적으로 응답한 직장인은 25.9%에 불과했다. 나머지 74.1%는 못하고 있다고 답했다.

자금 마련에 대한 불확실성이 커진 만큼 노후에 대한 불안감도 커졌다. 문제는 대부분 노후에 대해 불안감을 느끼지만 그렇다고 당장 노후 준비를 따로 할 여유가 없다는 데 있다. 결국 100세 시대를 살아가기 위해서는 평생 현역이 되어 일하거나, 우리나라가 갑자기 더 잘살게 되어 100세까지 책임져주는 나라가 되는 수밖에는 없다. 둘 다 현실성 없는 이야기다. 젊은 지금에야 평생 현역처럼 일할 수 있을 것 같은 착각이 들지만 막상 고령이 되면 일자리 구하기가 만만치 않다.

행복한 노후를 맞이할 수 있는 현실적인 방법은 결국 부동산에 있다. 부동산 투자를 통해 100세 시대를 대비하라고 강조하고 싶다. 부동산 투자는 정년이 없다. 살아 있으면 누구나 등기부등본에 이름을 올릴 수 있다. 부동산은 여러분이 직장에 다니면서도 투자할 수 있고, 은퇴 후에는 마음 편히 전업 투자자로서 활동할 수 있다. 혼자 하기 힘들면 친구랑 같이 투자할 수도 있고, 부동산 투자 관련 학원이나 컨설팅의 도움을 받을 수도 있다. 여러분이 시작을 안 해서 그렇지 결심만 서면 배울 수 있는 곳이 많다. 부동산 투자를 1년에 1~2번만 잘 실행해도 평생 현역으로 살 수 있다. 100세 시대에 부동산 투자자만큼 좋은 직업은 없다.

부동산 투자
3종 세트

그럼 부동산 투자는 어떻게 시작해야 할까? 가장 중요한 건 다음의 3종 세트다.

   1. 책 읽기
   2. 종잣돈 모으기
   3. 실행력

먼저 여러분이 어떤 부동산 종목에 투자할 것인지 정해야한다. 그리고 관련 도서를 최소 5권 이상 읽어야 한다. 예를 들어 내가 아파트 투자를 고려한다면 아파트 투자로 성공한 선배들의 책을 최소 5권 이상 사서 읽어야 한다. 책은 되도록 자비로 사야 된다. 도서관에서 빌려 보거나 남의 책을 빌리면 효과가 없다. 중요한 부분을 접기도 하고, 형광펜으로 색칠도 하고, 메모도 하면서 내 것으로 만들어야 한다. 우리의 뇌는 무엇이든 금방 잊어버리기 때문에 반드시 정리를 해서 내 것으로 만들어야 한다.

책을 읽으면 일단 자신감이 생긴다. 나도 할 수 있다는 생각이 나면서 갑자기 용기가 생긴다. 부동산 투자로 성공한 사람도 처음에는 부린이였기에 읽다 보면 묘한 자신감이 샘솟는다. 누군가 세상에서 가장 가성비 좋은 물건이 무엇이냐고 물어보면 필자는 단연코 책이라고 답할 것이다. 2만 원도 안 되는 돈으로 양질의 정보와 기술을 내 것으로 만들 수 있기 때문이다. 필자도 이번 책까지 4권의 책을 집필했는데, 그때마다 모든 경험과 노하우를 담으려고 최대한 노력했다.

책은 우리가 경험하지 못한 많은 경험과 노하우를 공유한다. 안타깝게도 요즘에는 책 읽는 사람이 많이 없는 것 같다. 한 달에 한 권도 책을 읽지 않는 사람이 태반이다. 바리스타 자격증을 따서 카페를 창업하고 싶은가? 그러면 카페 창업, 장사, 커피에 관한 책을 최소 5권 이상 읽어보고 시작해야 한다. 물론 책을 읽고 공부하고 창업해도 망하는 사람은 있다. 중요한 것은 책을 통해 시행착오를 줄일 수 있고 고수의 노하우를 손쉽게 배울 수 있다는 점이다. 만약 스터디카페를 창업할 계획이라면 무작정 공인중개사의 말만 믿고 바로 계약해선 안 된다. 관련 책을 읽고 창업 시 주의사항, 좋은 입지, 운영 노하우 등을 습득한 다음 공인중개사와 만나도 늦지 않다.

두 번째는 종잣돈 모으기다. 아무리 소액 부동산 투자라고 하더라도 몇백만 원에서 몇천만 원은 있어야 투자할 수 있다. 또 갖고 있는 모든 돈을 투자에 쓸 수는 없다. 어느 정도 여윳돈도 남겨야 하기에 당연히 종잣돈은 많으면 많을수록 좋다. 어떤 전문가들은 종잣돈 모으는 시간도 아깝다며 신용대출이나 마이너스통장을 통해서라도 하루 빨리 부동산 투자를 시작해야 한다고 강권한다. 그러나 필자의 생각은 다르다. 재테크의 시작은 희생과 노력이라 생각한다. 눈물 젖은 종잣돈을 모아봐야 돈의 소중함을 알고 투자의 소중함도 알기 때문이다. 반드시 자신의 힘으로 종잣돈을 모을 필요가 있다.

마지막으로 세 번째는 실행력이다. 구슬이 서 말이라도 꿰어야 보배다라는 말이 있다. 아무리 좋은 계획이 있고 투자할 돈이 있으면 무엇하는가? 투자하지 않으면 아무 소용이 없다. 필자는 부동산 투자의 실행력은 가계약금 입금 이후 생긴다고 생각한다. 본 계약에 들어가기 전에 내가 이 물건을 사겠다고 확약하는 절차인 가계약금 입금은 부동산 투자의 출발점이다.

주변을 둘러보면 책도 열심히 읽고, 전국의 유명하다는 오프라인 강연도 많이 듣는데 막상 투자는 하지 않는 소위 '가짜 투자자'가 참 많다. 뭐든지 처음부터 완벽할 수는 없다. 부동산 투자도 일단 저질러야 수습을 하면서 배울 수 있다. 실패에 대한 두려움이 너무 큰 나머지 실천으로 옮기지 못하면 부자의 길을 걸을 수 없다. 지금부터라도 용기를 내기 바란다.

당신이 하루라도 빨리 투자하기를

여러분은 언제 은퇴하고 싶은가? 언제 부자가 되고 싶은가? 다들 하루라도 빨리 은퇴하고 싶다고, 하루라도 빨리 부자가 되고 싶다고 말한다. 그러나 부자가 되고 싶다면서 정작 부자의 생각과 행동은 하지 않는다. 앞서 부동산 투자 3종 세트(책 읽기, 종잣돈 모으기, 실행력)에 대해 설명했다. 방법에 대해 알았으니 이제 시기의 문제만 남았다. 부동산 투자는 언제부터 시작하는 것이 좋을까? 하루라도 빨리 시작하라고 강조하고 싶다.

매년 다르지만 부동산 가격은 물가상승률만큼은 우상향한

다. 1997년 IMF 외환위기, 2008년 글로벌 금융위기 때 잠깐 하락하긴 했지만 결국 다시 회복하면서 상승했다. 하루라도 빨리 부동산 투자를 시작하는 것이 부동산을 싸게 살 수 있는 지름길이다. 시간은 부동산 투자자의 편이다. 부동산이 없는 사람은 시간이 흐를수록 기회비용만 높아진다.

시간은
투자자의 편

필자가 아는 K후배는 20대 중반부터 일찍이 투자를 시작했다. 장사를 하면서 목돈을 만질 수 있었는데 처음에는 주식 투자로 돈을 많이 잃었다. 한국 주식 시장은 9시에 열려 15시 30분에 문을 닫는다. 한참 장사 준비를 해야 하는 때에 장이 열리니 일이 손에 잡히지 않았다. 그래서 손해를 보고 주식을 정리하고 뒤늦게 부동산 공부를 틈틈이 했다. 장사하는 분들은 대부분 새벽 늦게 일이 끝나기 때문에 일반 직장인보다 조금 늦게 일어난다. K후배는 오전 잠을 줄이고 장사 전에 부지런히 임장을 다녔다.

처음에는 상가 투자를 고려했는데 상가는 금액 단위가 너무 커서 소액으로 할 수 있는 소형 아파트 투자로 눈을 돌렸다. 부린이였던 K후배 역시 처음에는 두려움이 앞섰다. '장사로 피땀 흘려 번 돈을 한 번에 까먹지는 않을까?' '지금이 투자 적기가 맞을까?' '계약했는데 가격이 떨어지면 어떡하지?' 등 두려움이 컸다. 그러나 K후배는 투자에 실패해도 내가 들어가서 살면 된다는 생각으로 투자를 감행했다.

10년 지난 지금, K후배는 자신의 건물에서 장사하는 건물주로 변신했다. 현재 K후배의 부동산 자산은 50억 원에 달한다. 과거에는 장사가 좀 안 되면 월세 내기도 버겁고 직원들 월급도 겨우 주곤 했는데, 현재는 자신의 건물에서 안정적으로 가게를 운영하고 있다. 갖고 있는 다른 부동산에서 매월 임대 수익이 발생해 잠깐 장사가 안되어도 아무런 걱정이 없다고 한다. 지금도 K후배는 틈틈이 부동산에 투자하고 있으며 요즘에는 상가 위주로 임장을 다니고 있다.

K후배는 주변의 장사를 하는 지인들에게 하루라도 빨리 부동산 투자를 통해 돈이 돌게 하라고 조언한다. 장사하는 사람들은 대부분 장사가 잘되면 2호점, 3호점을 내는 데 혈안인 경우가 많다. 그러나 1호점이 잘되었다고 해서 2호점, 3호점까지 잘된다는 보장은 없다. 무엇보다 주인이 직접 현장에 없는 가게는 매출이 점점 줄어들 수 있다. 장사가 잘되면 일단 부동산

투자를 통해서 자산을 분산시킬 필요가 있다. 그리고 나서 2호점을 열어도 늦지 않다. K후배는 현재 3호점까지 운영하면서 부동산 투자를 통해 다각도로 자산을 축적하고 있다.

여러분이 장사를 하든, 사업을 하든, 영업을 하든, 직장에 다니든 중요한 것은 딱 하나다. 무슨 일을 하든 부동산 투자를 병행해야 한다. 목돈이 생기면 부동산 투자를 통해 자산을 분산시키고 돈이 돈을 벌 수 있는 시스템을 만들자.

1천만 원 부동산 투자

당신의 연봉이
3천만 원이라면

사람인의 '2022년 신입사원 연봉 현황' 조사에 따르면 우리나라 중소기업의 대졸 신입사원 평균 연봉은 2,881만 원(세전 기본급 기준)인 것으로 집계되었다. 이에 비해 대기업의 대졸 신입사원 평균 연봉은 5,356만 원이다. 취업자 중 90% 이상이 중소기업에서 일하니 현실적인 대졸 초임 연봉은 세후 대략 3천만 원 수준이란 뜻이다. 연봉 3천만 원이면 실수령액 250만 원 정도의 월급을 받는다. 만일 여러분이 한 달 250만 원을 번다면 반드시 다음의 4가지 원칙을 지키기 바란다.

첫째, 절대 자동차를 사지 말아야 한다. 자동차를 산다는 건 부채덩어리를 사는 것과 같다. 목돈 없는 여러분이 자동차를 살 수 있는 현실적인 방법은 금리가 높은 대출을 활용하는 것뿐이다. 장기 할부의 경우 매달 50만 원에서 100만 원 정도의 돈을 36개월 또는 60개월간 납부해야 한다. 자동차는 시간이 지나면 감가상각되기 때문에 여러분이 열심히 번 돈은 연기처럼 날아간다.

사회초년생이 재테크에 실패하는 가장 큰 이유는 '돈 먹는 하마'인 자동차를 쉽게 구매하기 때문이다. 젊은 시절에는 조금 불편하게 살아도 아무 어려움이 없다. 우리나라처럼 대중교통이 전국 곳곳에 잘되어 있는 곳도 없다. 요즘엔 BRT(간선급행버스체계) 노선이 깔리면서 버스도 정시성이 좋아졌다.

둘째, 월급의 최소 60%는 저축해야 한다. 예를 들어 실수령액이 250만 원이라면 매달 150만 원은 저축해야 한다. 종잣돈을 모을 때는 주식이나 펀드에 투자하기보다는 안전한 적금이나 예금을 활용해야 한다. 간혹 종잣돈이 채 모이기도 전에 주식, 펀드 등에 손을 대는 경우가 있는데 손실을 보면 시작부터 힘이 빠지면서 영영 재테크를 못한다. 종잣돈 모으기는 눈물 젖은 빵을 먹는 것과 같다. 월급에서 60%를 저축하는 것은 생각보다 쉬운 일이 아니다. 아끼고 또 아껴야 한다. 사고 싶은 명품도 참고, 먹고 싶은 음식도 참아야 한다. 간혹 있는 지인과의 모임도 건너뛰어야 한다. 철저한 자기관리와 욕구 절제가 필요한 일이다. 그러나 인내의 고통은 쓰지만 열매는 달다. 1년 후 종잣돈이 쌓이면 자신감이 솟아나고 부동산 투자를 시작할 수 있는 기회의 문이 열린다.

셋째, 부동산 공부를 열심히 해야 한다. 종잣돈을 모으는 1년 또는 2년의 기간 동안 부동산 공부를 해야 한다. 부동산 공부는 생각보다 돈이 많이 들지 않는다. 유명한 강사의 비싼 강연만이 정답은 아니다. 요즘에는 유튜브에서도 공짜로 질 좋은 강의를 많이 들을 수 있다. 그리고 투자 관련 책과 신문을 읽으면서 여러분만의 투자 마인드를 적립해야 한다. 부동산은 현장에 답이 있기 때문에 현장도 자주 돌아다니면서 체험하는 것이 좋다. 오프라인 부동산 재테크 모임에 참석하는 것도 좋은 경험이 될 수 있다. 사람들과 재테크 강의도 듣고 모임도 하면서 인맥을 넓혀나가면 많은 도움을 받을 수 있다. 이런 모임에 나가면 목표가 비슷한 사람들끼리 모이기 때문에 정보 교류가 활발하고 금방 친해질 수 있다.

넷째, 종잣돈이 준비되면 소액 부동산 투자를 바로 시작해야 한다. 소액 부동산 투자는 돈이 많이 들지 않는다. 지역과 평형을 잘 고르면 500만~1천만 원으로 투자할 수 있다. 경쟁력 있는 소액 부동산은 부동산 경기와 금리, 정부 정책에 영향을 덜 받는다. 애초에 매매가 규모가 적기 때문에 투자 타이밍에 너무 신경 쓸 필요가 없다. 오히려 하루라도 빨리 부동산 투자를 통해 화폐가치 하락을 헤지하는 편이 낫다.

필자 주변에도 열심히 종잣돈은 모았는데 막상 부동산 투자는 망설이는 경우가 꽤 많다. 부동산 투자에 실패하면 안 되겠지만 개인적으로는 실패가 투자를 안 하는 것보다는 낫다고 생각한다. 종잣돈을 모으는 이유가 무엇인가? 투자를 하기 위해서다. 종잣돈을 모으고 투자에 활용하지 않으면 결국 그 돈은 자동차나 명품을 사는 데 소비된다.

앞서 여러 번 여러분에게 부동산 투자가 부자가 되는 가장 빠른 길이라고 강조했다. 부동산 투자는 오늘 투자하고 내일 수익을 실현할 수 있는 단기적인 안목의 투자와는 다르다. 반드시 상승하는 시간이 필요하다. 근시안적인 사고에서 벗어나 긴 안목을 가지고 투자할 필요가 있다. 100세 시대, 부동산 투자는 선택이 아닌 필수다. 건투를 빈다.

☆ ☆ ☆

부동산 상승장이 다시 오면
그때가 바닥이었다는 것을 비로소 깨닫는다.
역사는 항상 반복된다.
부동산 가격도 상승과 하락을 반복하면서 결국 우상향했다.
역사가 증명한다. 의심하지 말자.

2장

소액 부동산 투자로
미래를 바꿔라

소액 부동산
투자 공식

부자가 되기 위해서는 투자를 해야 한다. 투자 없이 부자가 된 사람은 없다. 요즘 시대에 직장 월급만으로는 부자가 될 수 없다. 월급을 아껴 종잣돈을 모아 부동산에 투자해야 한다. 처음부터 상가나 토지처럼 규모가 큰 투자는 할 수 없다. 상가나 토지는 초기 투자비용이 많이 든다. 설사 그런 여력이 있다 하더라도 부린이가 상가나 토지에 섣불리 투자하는 일은 결코 권하지 않는다. 상가나 토지는 어느 정도 투자 경험과 내공이 있는 투자자들도 어려워하는 영역이다. 똘똘한 한 채도 마찬가지다.

똑똑하다는 소리를 들으려면 적어도 몇억 원에서 몇십억 원의 돈이 필요하다.

여러분이 부자가 되기 위해 당장 시작할 수 있는 건 결국 소액 부동산 투자다. 소액 부동산 투자는 종잣돈 500만~1천만 원으로도 가능하다. 소액 부동산 투자를 시작하기로 결심했다면 이제부터 소개할 4가지 투자 공식을 명심하기 바란다.

4가지 투자 공식

소액 부동산 투자 공식은 차례대로 가격 분석, 저가 매입, 리모델링, 매매 순이다. 하나씩 알아보자.

1. 가격 분석

첫째, 스마트폰 부동산 애플리케이션(이하 앱)을 통해 투자할 물건의 가격을 분석해야 한다. 가격 분석을 하는 목적은 주변 부동산 가격과 비교함으로써 적정가를 산출하는 데 있다. 특히 아파트의 경우 입지와 브랜드, 세대수에 따라 가격이 천차만별이기에 가격 분석을 철저히 해야 한다. 예를 들어 '아실'

앱을 통해 최근 아파트 실거래가를 확인할 수 있다. 최근 거래된 가격, 그리고 최고가와 최저가의 동향을 파악한다. 부동산이 하락장일 경우 최고가 대비 30~40% 떨어졌다면 바닥권에 왔다고 볼 수 있다. 또 학군을 비교하고 매도 시점의 입주물량을 파악한다. 이 밖에 '호갱노노' 앱은 지역별 실거래가를 비교하기 좋다. 참고로 부동산이 바닥을 찍었다는 신호로는 여러 가지가 있는데, 그중 가장 정확한 방법은 전세가격을 살펴보는 것이다. 아파트 가격이 바닥을 찍고 올라가기 전에 반드시 전세가격부터 움직인다는 것을 잊지 말자.

2. 저가 매입

둘째, 당연한 이야기지만 투자에 성공하는 가장 쉬운 방법은 싸게 사서 비싸게 파는 것이다. 항상 타이밍이 중요한데 일단 싸게 사는 것이 중요하다. 싸게 사기 위해서는 부동산 시장의 흐름을 잘 파악해야 한다. 부동산 하락 시기에 투자하는 것이 중요하다. 부린이가 가장 어렵게 느끼는 부분이 바로 이것이다. 대부분의 부린이는 가격이 상승하는 시점에 소위 '영끌(영혼까지 끌어모아서)'을 해서 투자한다. 그러나 전정한 고수는 부동산 하락 시기에, 즉 시장이 공포에 사로잡혀 있을 때 투자를 시작한다. 1997년 IMF 외환위기, 2008년 글로벌 금융위기,

2022년 미국발 금리 인상기 때 일부 부동산 가격은 최고가 대비 30~50%까지 떨어졌다. 이때 저가에 매입하면 싸게 샀기 때문에 본전에 팔아도 손해를 보지 않는다.

3. 리모델링

셋째, 소액 부동산 투자는 비싼 신축 아파트가 아닌 보통 20년 이상 된 구축 아파트일 가능성이 높다. 여러분이 투자로 돈을 벌기 위해서는 리모델링 작업을 거쳐야 한다. 쉽게 말해 오래된 물건을 새것으로 고쳐서 임대를 주고 추후 매매를 유도해야 한다. 그래야 잘 팔린다. 오래된 것을 그대로 팔면 잘 팔리지 않는다. 리모델링도 기술이 필요하다. 최소 비용으로 최대 효과를 내야 한다. 오래된 아파트는 도배와 장판은 기본이고 화장실은 반드시 싹 수리하길 권한다. 화장실이 깨끗하면 집 전체가 깨끗해 보이기 때문이다. 싱크대가 오래되었다면 싱크대도 교체해야 한다. 최소한의 리모델링을 통해 극적인 효과를 낼 수 있다. 리모델링 시 한 업자에게 모든 것을 일괄해 맡기지 말고 각각 다른 업자에게 분업시키는 것이 좋다. 도배, 장판, 화장실, 싱크대, 도색 등 각 분야 전문가를 알아두면 매우 유용하다.

4. 매매

넷째, 매매 타이밍를 잘 맞춰서 매도해야 한다. 부동산으로 돈을 벌기 위해서는 결국 비싸게 잘 파는 수밖에 없다. 얼마에 파느냐에 따라 수익률이 결정된다. 부린이가 매도 시점에 제일 실수를 많이 하는 부분은 가장 비싸게 팔겠다는 생각을 하는 것이다. 누구나 최고가에 팔고 싶은 욕심은 똑같다. 그러나 매수하는 사람도 먹을 것이 있어야 한다. 항상 역지사지의 마음으로 시장을 읽기 바란다. 차라리 조금 싸게 팔고 더 빠르고 싸게 다른 물건에 투자하는 편이 낫다. 고수들은 항상 한 템포 빠르게 움직이라 조언한다. 남들보다 한발 빨리 사고, 한발 빨리 팔아야 좋은 가격에 사고팔 수 있다. 가장 밑바닥에서 사서 꼭지점에서 파는 건 신의 영역이다.

부동산은 항상 올라가는 것은 아니고 오르다 보면 또 쉬어 간다. 반대로 하락한다 해서 계속 하락하는 것도 아니다. 지난한 하락장이 지나면 또다시 상승 국면으로 전환한다. 1997년 IMF 외환위기 때도 부동산 가격은 약 2년 후 반등에 성공했다. 2008년 글로벌 금융위기 때도 약 2년 후 반등에 성공했다. 지금의 미국 기준금리 인상으로 인한 가격 하락도 물가가 잡히면서 금리가 하락하면 다시 반등할 것이다. 부동산 상승장이 다시 오면 그때가 바닥이었다는 것을 비로소 깨닫는다. 역사는 항상 반복된다. 부동산 가격도 상승과 하락을 반복하면서 결국 우상향했다. 역사가 증명한다. 의심하지 말자.

새 차를 산 김 대리 vs.
투자를 시작한 오 사원

앞서 하루라도 빨리 부동산 투자를 시작해 돈이 돌게 하라고 강조한 바 있다. 부동산 투자도 시간이 필요하다. 오늘 산다고 내일 바로 오르는 것이 아니다. 예전에는 직장에 다니면서 가장 보람 있는 일이 승진을 해서 대리, 과장, 부장이 되는 것이었다. 승진하면 큰 보람과 명예가 따라왔다. 직책이 곧 그 사람의 명함이자 사회적 신분이었다. 그러나 지금은 회사가 여러분의 정년을 보장해주지 않는다. 내일 당장 권고사직을 권유해도 이상하지 않은 사회다. 회사에 다니면서 부동산 투자를 병행하지 않으면 회사에 구속되어 살게 된다.

신입사원이 회사에 들어오면 보통 두 부류로 나뉜다. 자동차부터 계약하는 사람, 그리고 투자를 위해 종잣돈을 모으는 사람으로 나뉜다. 비록 처음에는 자동차를 산 사람이 편하고 멋있어 보이지만 시간이 지나면서 두 사람의 차이는 크게 벌어진다.

당신은 김 대리인가, 오 사원인가?

자, 그럼 새 차를 산 김 대리와 투자를 시작한 오 사원이라는 가상의 인물을 통해 어떤 미래가 펼쳐질지 살펴보자.

먼저 회사 3년차인 김 대리는 그동안 모은 돈과 대출을 이용해 이번에 새 차를 뽑았다. 요즘 출근길이 행복하다. 차에서 내릴 때 자신감이 넘친다. 동료 사원들에게 새 차를 뽑은 기념으로 크게 한턱내고 기분이 참 좋다. 매달 날아오는 자동차 할부, 보험료, 기름값 등 차량 유지비가 만만치 않지만 그래도 열심히 직장에 다니고 있으니 별 문제 없어 보인다.

차를 사면 돈 쓸 일이 한두 가지가 아니다. 사소하게는 차

안에 액세서리도 사야 하고 매달 기름값도 만만치 않다. 김 대리는 이번 달 카드값이 많이 나왔다. 차를 사기 전에는 저축도 제법 했는데 신차를 뽑으니 저축을 할 수가 없다. 그러나 직장 3년차에 내 차를 뽑았다는 뿌듯함에 이 모든 희생을 감수하고도 행복했다. 주변에서도 성공했다는 이야기를 하니 기분이 좋아지고 우쭐해진다. 주변 사람들로부터 주말에 놀러가자는 연락도 자주 오고 회사생활도 더 즐거워졌다.

인과응보라는 말이 있다. 돈은 쓰면 갚아야 하고, 모으면 쌓이기 마련이다. 김 대리는 자동차를 사면서 생활수준은 높아졌지만 그로 인해 씀씀이는 훨씬 커졌다. 저축은커녕 오히려 마이너스 대출을 받아야 되는 달도 생겼다. 기름값을 아끼고자 자동차를 타지 않고 출근하는 날이 부쩍 늘었고, 소비를 최대한 줄이고자 노력했다.

사회생활의 출발점은 첫 직장을 구하는 것에서부터 시작된다. 직장을 구하고 처음 받는 월급으로 무엇을 하느냐에 따라 미래가 바뀐다. 최선의 선택은 종잣돈을 모으는 것이다. 월급의 60% 이상 강제 적금을 들어서 종잣돈을 마련하는 것이 우선이다. 자동차를 사면 모든 계획이 어그러진다. 새 차는 인수받는 즉시 그 자리에서 200만~300만 원이 날아간다. 새 차에서 중고차로 바뀌면서 차 시세가 달라지기 때문이다. 그리고 대부분

3년이 지나면 50% 감가상각된다. 자동차를 사면 거기서 끝나는 것이 아니다. 차량 할부금과 보험료, 기름값, 수리비, 유지비 등 돈 먹는 하마가 따로 없다.

과감히 자동차를 산 김 대리와 다르게 오 사원은 성실히 종잣돈을 모으고 있다. 오 사원은 다음 달이면 1년 적금 만기가 돌아와서 기쁜 표정을 감출 수가 없었다. 그동안 월급의 60%를 저축하면서 불편하게 살아왔지만 돈이 쌓이는 재미에 싱글벙글 웃음이 나온다. 오 사원은 종잣돈을 모으면서 부동산 공부를 시작했다. 재테크 관련 서적도 읽고, 오프라인 강의도 틈틈이 들었다. 최근에는 투자 컨설팅도 받으면서 1년간 모은 적금으로 소형 아파트에 투자하기로 결심했다. 경매를 고려했지만 시간과 명도의 어려움 때문에 포기하고 소형 아파트 쪽으로 선회했다.

요즘에는 주말에 임장도 다니면서 투자할 물건을 분석하고 있다. 직장에 다니면서 주말에 임장하는 것이 쉽지는 않았다. 그렇지만 지금은 주말이 기다려진다. 1년 동안 아끼면서 모은 종잣돈과 공부하면서 배운 노하우를 실천할 수 있다는 데 마냥 행복했다.

한 달 후 드디어 오 사원은 역세권 20평대 대단지 소형 아파트를 매입했다. 전세를 바로 놓고 집주인이 되었다. 매매 계약과 전세 계약을 마무리 짓고 공인중개사무소를 나오는데 눈물이 났다. 그동안 종잣돈을 모으고 부동산 공부를 하면서 힘들었던 과정이 주마등처럼 지나갔다. 오 사원의 눈물은 기쁨의 눈물이자 희망의 눈물이었다.

이 이야기는 우리 주변에서 실제로 일어나고 있는 사회초년생의 블루스다. 누구나 첫 직장에 들어가면 성공을 꿈꾸며 열심히 산다. 똑같이 시작했지만 자동차를 산 김 대리와 부동산 투자를 한 오 사원은 분명 다른 인생을 살 것이다. 처음에는 그 차이가 크지 않겠지만 시간이 흐를수록 삶의 양상은 달라질 것이다. 자동차는 부채지만 부동산은 자본이다. 자동차를 사서 처음 가격보다 더 비싸게 팔 수는 없지만 부동산은 시간이 흐르면서 가격이 상승한다. 자동차는 편리함과 생활의 윤택함을 주지만 자산을 증식시키지 못한다. 오히려 자동차로 인해 돈이 더 들어간다.

부동산은 가격이 상승하면서 처음 들어갔던 돈보다 더 많은 돈을 나에게 안겨준다. 이게 부동산 투자의 마술이다. '돈이 돈을 벌게 해주는 마술' 말이다. 이렇게 말하면 분명 "부동산에 투자해서 가격이 하락하면 손해 아니냐?"라고 묻는 사람이 있을 것이다. 그렇다. 떨어지면 분명 손해다. 그러나 팔지 않으면 손해가 아니다. 아파트의 경우 전세를 또 돌리면 된다. 아니면 그냥 내가 들어가서 살아도 그만이다. 내 집에서 살면 전월세 비용을 아낄 수 있다. 그것만으로도 큰 이득이다.

부동산은 시간이 지나면 분명 상승한다. 이는 역사가 증명한다. 떨어질 때도 있지만 시간이 지나면 가격을 회복하고 다시 상승한다. 부동산은 사용가치가 있는 필수재이기 때문에 효용가치가 크다. 자동차는 아무리 좋아도 자동차에서 살 수 없지만 집은 다르다. 무엇인가를 얻기 위해서는 무엇인가는 포기해야 한다. 자동차도 사고 부동산 투자도 할 수 있다면 얼마나 좋겠느냐마는 우리의 현실은 그렇지 않다. 가까운 미래에 달콤한 열매를 맺기 위해 조금은 불편하게 살자. 이런 불편함이 조금씩 모여서 더 큰 편리함이 찾아올 것이다.

부동산 투자는
화폐가치에 대한 헤지

짜장면은 서민음식의 대표주자다. 맛도 맛이지만 최대 강점은 '가성비'에 있다. 한국물가정보가 공개한 자료에 따르면 1970년 짜장면 한 그릇의 가격은 100원이었다. 이후 1990년에는 10배 올라 1천 원대를 기록했고, 1995년에는 2천 원대, 2003년에는 3천원 대로 껑충 뛰었다. 그럼 지금은 어떨까? 2022년에는 6천 원대까지 올라섰다. 어디 짜장면뿐이겠는가? 이 세상에 가격이 오르지 않는 물건은 없다. 물가상승률만큼은 오르게 되어 있다. 2022년 이후 급격히 물가가 상승하면서 불황이 시작되자 가정경제는 파탄으로 내몰렸고 심각한 사회문제를 야기하고 있다.

물가가 갑자기 많이 상승한 이유는 여러 가지가 있다.

첫째, 러시아-우크라이나 전쟁으로 물류 이동이 금지되면서 기름뿐만 아니라 곡물 가격이 급등했다. 러시아-우크라이나 전쟁이 발발한 이유는 우크라이나의 북대서양조약기구(NATO) 가입 문제 때문이다. 우크라이나가 나토에 가입하면 러시아의 입지가 좁아진다. 러시아는 우크라이나의 나토 가입을 막기 위해 전쟁을 일으켰다. 물론 나토 가입 문제 이면에는 다른 이유가 숨겨져 있다. 진짜 이유는 우크라이나의 평야 지대 때문이다. 우크라이나 평야 지대에 있는 송유관은 러시아의 천연가스가 유럽에 수출되는 주요 통로다. 러시아는 천연가스를 통해 유럽을 압박하고 경제적 이득을 누려왔다. 우크라이나가 나토에 가입하면 러시아의 영향력이 크게 떨어질 수 있어 두려운 것이다.

둘째, 막대한 유동성 증가에 따른 부작용이다. 지난 몇 년간 코로나19 팬데믹 사태를 겪으면서 태어나서 처음으로 국가에서 재난지원금이라는 돈이 나왔다. 그것도 한 번이 아닌 여러 번 돈을 받았다. 재난지원금은 하나의 예일 뿐, 이런 식으로 엄청난 자금이 시중에 풀렸다. 경제 부양을 위해 각국 중앙은행에서 막대한 유동성을 시장에 푸는 방식으로 경기를 부양시켰다. 시중에 통화량이 증가하면서 전 세계적으로 물가가 상승했고, 그 결과 화폐가치는 떨어지게 되었다.

인플레이션에서 살아남기

인플레이션이란 화폐가치가 하락해 물가가 전반적으로, 지속적으로 상승하는 현상을 말한다. 인플레이션에서 살아남기 위해서는 부동산 투자로 떨어지는 화폐가치에 대비해야 한다.

예전에는 은행에 돈을 넣어 놓으면 높은 이자를 누리며 원금을 불릴 수 있었다. 요즘처럼 주식이니 부동산이니 재테크를 하지 않아도 부자가 될 수 있었다. 투자는 시대의 습작이다. 시대에 따라 투자의 방식도 바뀐다. 금리가 높고 국가가 고도 성장하던 20세기에는 안정적이고 금리가 높은 예적금이 단연 최고의 투자상품이었다. 열심히 벌어서 저축을 열심히 하고 목돈을 다시 예적금에 넣어 놓으면 시간이 부자를 만들어줬다. 그러나 2008년 글로벌 금융위기 이후 세계적인 은행도 망할 수 있다는 공포가 확산되었고, 선진국의 경제적 위기와 신흥국의 성장 둔화로 저금리의 늪이 시작되었다.

선사시대 때는 힘이 센 사람이 권력을 차지했다. 청동기 시대 때는 도구를 잘 쓰는 장수가 세상을 지배했다. 그리고 세월이 흘러 현재는 돈 많은 사람이 세상을 지배하고 있다. 이렇듯 세상은 변한다. 산과 바다만 변하는 것이 아니라 권력도 변하고 투자도 변한다. 부자가 되기 위해서는 생각의 속도가 빨라야 한다. 세상의 변화에 빠르게 대처하고 적응해야 부자가 될 수 있다.

지금은 잠시 숨 고르기 중이지만 전 세계가 양적 팽창을 위해 돈을 풀고 있다. 통화량 증가로 화폐가치가 떨어지면 1년 전의 1억 원과 지금의 1억 원은 값어치가 달라진다. 십몇 년 전에는 1만 원짜리 지폐 한 장이면 시장에서 장바구니를 가득 채울 수 있었다. 그러나 요즘은 장바구니가 필요 없다. 한 손에 봉지 하나 달랑 들고 나오기 때문이다. 그만큼 물가가 많이 올랐다. 안 오른 것이 없다. 월급과 애들 성적만 오르지 않고 세상 모든 것이 다 올랐다.

여러분이 전세를 2년 또는 4년을 산다고 가정해보자. 전세보증금을 지켰다고 손해를 보지 않았다고 생각하면 큰 오산이다. 2년 동안 물가가 오르면서 여러분의 전세보증금도 값어치가 하락했다. 이 세상에서 가장 위험한 투자는 전세다. 전세를 살면 아파트 값이 떨어져도 손해고 아파트 값이 폭등하면 더 큰 손해다. 전세 계약과 동시에 전세보증금은 값어치가 떨어진다.

부동산은 실물자산이다. 주식은 유가증권이지만 부동산은 실제 사용가치가 있는 토지 및 그 정착물이다. 부동산은 최소 물가상승률만큼은 오른다. 이것이 부동산에 투자해야 하는, 아니 반드시 부동산에 투자해야 하는 이유다. 부동산 투자는 화폐가치 하락을 헤지하는 중요한 수단이다.

한 번의 선택이 미래를 바꾼다

30년도 더 된 이야기다. 그때 부모님께서 단독주택을 살지, 아파트를 살지 고민이 많으셨다. 아버지와 할머니는 마당이 있는 단독주택을 사자고 했고 어머니는 아파트를 사자고 했다. 결국 2:1로 단독주택을 6천만 원에 매수했다. 30년이 훨씬 넘은 지금, 어머니가 원했던 아파트는 재건축 호재로 5억 원까지 호가가 오른 반면, 단독주택은 1억 500만 원에 팔고 나왔다. 아주 오래된 이야기지만 이처럼 한 번의 선택이 평생을 좌우한다. 만약 부모님이 그때 아파트를 샀다면 어땠을까?

1천만 원 부동산 투자

부동산 투자는 한 번의 선택이 미래를 좌우한다. 가정이야 누구나 할 수 있다. 지금 와서 후회한다고 과거로 돌아갈 수는 없다. 후회하지 않는 선택을 내리기 위해서는 다음의 두 가지를 꼭 명심해야 한다고 생각한다. 바로 타이밍, 선택과 집중의 중요성이다.

타이밍 그리고 선택과 집중

타이밍이 중요한 이유는 싸게 사서 비싸게 파는 투자의 기본 원리 때문이다. 부동산 고수들은 언제 사야 돈이 되는지 잘 알고 있다. 부동산은 주기가 있다. 지역마다 다르게 나타나지만 항상 일정한 패턴을 가지고 있다. 짧은 기간에 급상승한 지역은 반드시 떨어진다. 그리고 급락한 곳은 반드시 반등한다. 이 때 정부의 정책과 금리, 환율, 경기 등이 등락 기간과 폭을 결정한다.

예를 들어 문재인 정부의 부동산 정책 중 '임대차 3법'은 그 의도와 달리 전국적으로 전셋값을 급등시키며 매매가를 끌어올렸다. 당시 금리가 매우 낮은 상태였고 부동산 투자 심리도

부동산 시장의 순환주기

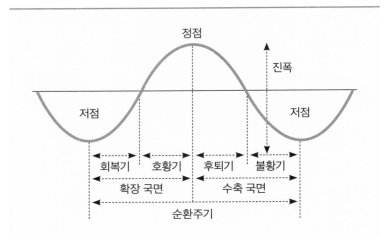

최고조에 있었다. 잘못된 정책으로 집값에 기름을 부은 것이다.

부동산 투자에서 좋은 타이밍은 공급 과잉으로 인해 전셋값이 하락하고 매매가가 떨어지는 시기다. 공급이 적은 지역을 선별해서 투자하면 된다. 부동산 투자의 큰 흐름은 이렇다.

공급 과잉-가격 하락-매수 타이밍-공급 하락-가격 상승-매도 타이밍

이런 주기가 계속 반복되면서 '회복기-호황기-후퇴기-불황기'를 거치기 때문에 타이밍만 잘 잡으면 투자에 성공할 수

있다.

두 번째로 중요한 건 선택과 집중이다. 누구나 시간과 에너지는 한정되어 있다. 그리고 투자할 돈도 부족하다. 아끼고 아껴서 모은 종잣돈을 적재적소에 투자해야 한다. 부동산 투자를 처음 하는 부린이라면 무조건 안전한 곳에 투자해야 한다. 소액으로 안전한 곳에 투자해야 리스크가 적다.

앞서 실행력의 중요성을 강조한 바 있다. 부동산 투자자라면 누구나 느끼겠지만 부동산 투자로 성공한 사람들은 대개 생각보다는 행동이 앞선다. 부동산 투자를 위해 전국을 돌아다니고 현장에서 계약을 하고 온다. 장고 끝에 악수 둔다고 생각이 길어지면 그 물건은 내 것이 아니고 남의 것이 된다. 생각은 깊게 하고 행동은 빨라야 부동산 투자자로서 성공할 수 있다.

전국의 유명한 부동산 강연은 다 들으러 다니면서 투자는 망설이는 분이 꽤 많다. 강의를 들을 때는 자신감이 넘치지만 끝나고 나면 다시 일상으로 돌아오면서 자신감이 떨어진다. 투자를 하자니 두렵고 확신이 없다. 이런 분은 투자 마인드부터 고쳐야 한다. 항상 처음이 어렵고 힘들다. 일단 첫발을 떼면 두 번째 발은 쉽다. 필자를 비롯해서 전문가라 불리는 이들도 처음에는 실수도, 실패도 많았다. 일단 실행해야 자신만의 투자 노하우가 쌓이고 나에게 맞는 투자처를 찾을 수 있다.

통화량과
부동산 가격

실물자산인 부동산에 투자해야 하는 이유는 화폐가치 하락 때문이다. 반대로 화폐가치가 계속 상승하면 재테크라는 말도 필요 없다. 저축만 하면 될 것이다. 화폐가치의 하락은 재테크라는 새로운 용어를 만들어냈고, 사람들을 주식과 부동산 투자로 이끌었다.

통화량 증가 문제도 면밀히 관찰해야 한다. 통화량이란 시중에 유통되는 통화의 양으로 시중에 있는 지폐와 동전, 예금이나 수표, 어음 등을 일컫는다. 통화량이 예전보다 증가한다는 말은 시중에 돈이 계속 증가한다는 말이다. 즉 돈의 가치는 하락하고 물가는 상승한다는 뜻이다. 이러한 물가 상승을 우리는 인플레이션이라고 부른다.

인플레이션이 발생하면 장기적으로 물가가 상승하지만 단점만 있는 것은 아니다. 통화량이 늘어나면 사람들 수중에 돈이 많아지고 소비로 이어져 기업의 실적이 좋아진다. 기업은 물건이 잘 팔리면 사람들을 더 많이 고용하기 때문에 실업률이 하락한다. 세계 각국이 완만한 인플레이션을 희망하는 이유가 여기에 있다. 이렇게만 보면 인플레이션이 참 좋아 보인다. 하지만 급격한 인플레이션은 급격한 물가 상승을 야기해 경제에 독으로 작용한다. 물가가 가파르게 오르면 돈의 가치가 떨어지고, 소비자들의 실질구매력이 감소해 사회적으로 큰 혼란을 야기할 수 있다.

코로나19 팬데믹 사태로 각국의 중앙은행은 시중에 엄청난 돈을 풀어 경기를 부양했다. 침체된 경제 상황을 개선하기 위해 돈을 푼 것이다. 그 덕에 최근 몇 년간 통화량이 크게 증가했다. 갑자기 통화량이 큰 폭으로 증가하면서 물가도 큰 폭으로 상승했다. 물가가 상승하면 화폐가치는 하락하고 실물자산의 가격은 상승한다. 실물자산이 장기적으로 계속 상승하는 이유다.

통화량에 민감한
부동산 경기

그럼 부동산은 화폐가치 하락과 통화량 증가에 어떤 영향을 받을까? 주택은 필수재다. 사람이 사는 '집(宙)'이기에 당연하다. 동시에 투자가치가 높은 실물자산이기에 화폐가치 하락과 통화량 증가는 주택 가격을 견인한다.

김기원 데이터노우즈 대표의 2020년 7월 17일 〈매일경제〉 칼럼은 우리에게 많은 시사점을 제공한다.

> 2014년부터 지속적으로 꽤 오랜 기간 서울, 경기의 아파트 가격이 상승했음에도 불구하고 최근 시중에 통화량이 그 이상으로 너무 많이 풀리다 보니 통화량 대비 아파트 시가총액 비율이 오히려 하락하고 있는 모습이다. 즉 이 데이터만 보면 서울, 경기의 아파트 가격이 더 올라갈 수 있는 여지가 꽤 있다는 것을 의미한다. 이런 상황에서 정부가 집값을 잡으려고 아무리 규제한다 해도 근본적인 한계가 있을 수밖에 없는 상황이다.

통화량 증가는 부동산 등 실물자산 상승으로 이어질 가능성이 높다. 통화량 데이터 차트는 M1 통화량과 서울, 경기도의

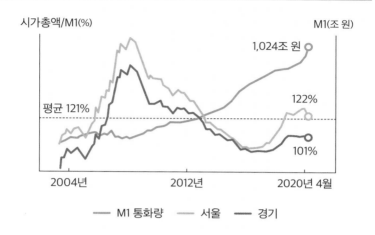

통화량 데이터

시가총액/M1(%)

M1(조 원)

1,024조 원

평균 121%

122%

101%

2004년   2012년   2020년 4월

━━ M1 통화량   ━━ 서울   ━━ 경기

자료: <매일경제>

아파트 시가총액의 비율을 구한 것이다. M1 통화량은 보는 바와 같이 2020년 들어 급증했다. 그 증가세가 2003년 이후 사상 최고치다. 2014년부터 지속적으로 서울, 경기 아파트 가격이 상승했음에도 불구하고 통화량 대비 아파트 시가총액 비율은 오히려 하락했다. 김기원 대표는 실물경기가 좋지 않고 서울의 소득 대비 주택 가격, 주택구매력지수가 고평가 상태이기에 투자에 주의가 필요하며 시장을 종합적으로 분석할 필요가 있다고 덧붙였다.

물론 통화량이 절대적인 것은 아니다. 통화량 때문에 부동산이 무조건 상승하지는 않는다. 금리, 환율, 물가, 부동산 심리, 정부 정책, 세계 경제 등 많은 부분이 영향을 미친다. 그러나 거시적인 관점에서 통화량이 계속 상승하고 화폐가치가 계속 떨어지는 것은 분명한 이치다. 필자가 하고 싶은 말이 여기에 있다. 결국 부동산 가격은 물가상승률만큼 오르게 되어 있다.

1천만 원 부동산 투자

부동산 가격의 근본은 수요와 공급이다

재화의 가격은 무엇으로 결정되는가? 수요와 공급에 의해서 결정된다. 우리가 중학교 때 배운 내용이다. 모든 재화는 수요 곡선과 공급 곡선이 만나는 지점에서 가격이 결정된다. 공급이 감소하면 가격이 상승하고, 공급이 증가하면 가격이 하락한다. 부동산 가격은 여기에 핵심이 있다.

수요는 고정적이다. 재개발·재건축으로 인한 이동 수요가 나타나거나 신도시 개발로 인한 입주 수요가 폭발하지 않는 한 수요는 그 지역의 인구수로 결정된다. 인구가 100만 명인 도시

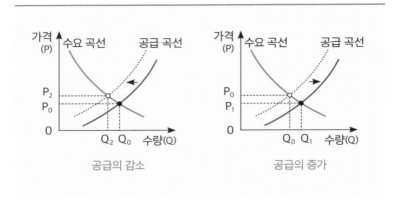

공급 곡선의 이동

가격 수요 곡선 공급 곡선
(P)

P_2
P_0

0   Q_2 Q_0 수량(Q)

공급의 감소

가격 수요 곡선 공급 곡선
(P)

P_0
P_1

0   Q_0 Q_1 수량(Q)

공급의 증가

와 10만 명인 도시는 당연히 수요량도 그만큼 차이 난다. 그래서 부동산 가격은 공급량에 따라 결정된다.

부동산 시장의 공급은 일반 재화의 공급과는 다르다. 일반 재화는 언제든지 공장에서 만들 수 있지만 아파트는 만들어지는 과정이 오래 걸린다. 땅을 확보하고, 인허가를 받고, 분양을 하고, 공사 기간을 거쳐 입주를 하기에 최소 5년에서 10년 이상 소요된다. 아파트 분양을 하고 입주까지도 최소 3년에서 5년은 소요되기에 공급량은 비탄력적이다. 갑자기 부족한 공급량을 일시에 해소할 수 없다는 뜻이다.

필자는 여기에서 부동산 투자의 핵심이 있다고 생각한다. 바로 주택 공급량이 비탄력적인 것, 그리고 수급 불균형이 항상 존재한다는 것이다. 이제 투자자의 입장에서 생각해보면 '언제 투자하는 것이 가장 성공할 확률이 높을까?' 하는 문제가 남는다.

핵심은
입주물량

지역별 아파트 분양물량과 입주물량은 매년 다르다. 분양물량이 적은 해는 3년 뒤 입주물량이 적다. 반대로 분양물량이 많은 해는 3년 뒤 입주물량이 많다. 여기에 초점을 맞추면 된다. 입주물량이 많은 해에 전세가와 매매가가 떨어지면 투자를 시작해서 2년 또는 4년 전세를 놓고 매도하면 된다.

보통 지역별 입주물량은 주기가 있다. 2~3년 공급 과잉, 2~3년 공급 부족 현상이 반복적으로 일어난다. 물론 그렇지 않고 계속 공급이 증가하는 지역도 있다. 그런 곳은 일단 공급이 줄어들 때까지 기다려야 한다. 반대로 계속 공급이 부족한 지역은 미리 투자하고 기다려야 한다. 어쨌든 대도시를 기준으로 인구 50만 명의 도시는 공급 과잉, 공급 부족 현상이 평균적으로 2년에서 3년 정도 반복된다. 100만 명 이상의 광역시도 공급 과잉과 공급 부족 현상이 일정하게 반복된다.

필자는 투자할 때 입주물량을 반드시 확인한다. 투자하는 지역의 공급물량이 많아서 아파트 가격이 떨어지는 곳을 우선 매수 지역으로 선정한다. 지역을 선정하고 나면 그다음에 부동산 종목을 선택한다. 주택 중에서 아파트, 빌라, 단독주택 순으로 투자를 많이 한다. 아파트는 소액으로 투자할 수 있는 소형 아파트를 선호한다. 2천만~3천만 원으로 갭투자를 많이 하는 편이다. 이때 반드시 2년 뒤의 입주물량이 적은 곳을 고른다. 그래야 매도 시점에서 전세가든 매매가든 떨어지지 않는다. 필자는 이런 전략으로 실패하지 않는 투자를 해오고 있다.

부동산에 처음 투자하는 부린이라면 실패가 두려울 것이다. 두려움과 확신은 정반대의 개념이다. 두려움을 확신으로 바꾸기 위해선 공부와 경험이 중요하다. 소액 부동산 투자를 통해 돈을 벌어본 경험이 있는 사람은 두려움보다는 확신이 클 것이다. 확신이 큰 사람은 또다시 투자를 할 수 있다.

필자는 부동산 아카데미 실전 투자반을 운영하며 많은 부린이가 선뜻 투자할 수 있도록 돕고 있다. 대부분은 결과도 아주 좋았다. 물론 투자를 하고도 계속 의심하는 사람도 있었다. 그런 문제는 시간이 해결해줬다. 나중에 부동산 가격이 오르자 그들은 확신을 갖고 자신 있게 투자에 나섰다.

1천만 원 부동산 투자

누구나 처음은 어렵다. 이순신 장군도 12척의 배를 남기고 두려움에 떨고 있는 병사들에게 '필사즉생 필생즉사(必死則生 必生則死)'라는 말을 남겼다. 반드시 죽으려 하는 자는 살고 요행히 살고자 하는 자는 죽을 것이다. 이순신 장군은 부하들의 두려운 마음을 용기로 바꾸는 데 성공했고 전쟁에서 큰 승리를 거둔다.

부동산 투자도 전쟁과 같다. 남보다 미리 투자해야 성공할 수 있다. 매스컴이나 유튜브 정보에 일희일비 흔들리면 잘못된 판단을 내리기 쉽다. 일단 봄에 씨앗을 뿌려야 가을에 열매를 수확할 수 있다. 아파트 등기부등본에 여러분의 이름이 올라가야 돈을 벌든 잃든 결과를 낼 수 있다.

부동산 투자를 시작하기로 마음 먹었다면 일단 제일 먼저 그 지역의 아파트 분양물량과 입주물량을 확인하길 바란다. 그것이 부동산 투자의 시작과 끝이다.

부자처럼 살지 말고
진짜 부자가 되기를

세상은 요지경이다. 가짜 부자가 판을 친다. 여기도 가짜, 저기도 가짜. 세상에 진짜가 사라져간다. 요즘 친구들과 오랜만에 만나면 서로 제일 먼저 물어보는 게 "어디 살아?"라고 한다. 그럼 A라는 친구는 자기가 사는 동네와 아파트 이름을 같이 이야기한다. B라는 친구는 자기가 사는 동네만 이야기한다. 이유는 간단하다. A는 브랜드 아파트에 살고 B는 브랜드 아파트에 살지 않는다. 참 서글픈 이야기지만 현실이 그렇다. 브랜드 아파트에 사는 사람들은 반드시 아파트 브랜드를 말한다.

예전에는 '아버지'가 부의 상징이었다. 영화 〈친구〉에서 "느그 아부지 뭐 하시노?"가 유행어가 된 게 벌써 20여 년 전이다. 아버지의 직업이 곧 아들의 권력이었다. 그러다 대학교가 권력의 상징이 되었다. 어떤 대학을 졸업했느냐에 따라 서열이 정해졌다. 좋은 대학은 좋은 직장으로 이어졌기에 대학이 곧 스펙이고 스펙이 곧 대학이었다. 그러나 세월이 흐른 지금, 좋은 대학을 나와도 좋은 직장에 들어간다는 보장은 없다. 좋은 직장에 입사해도 회사가 나의 삶을 정년 때까지 책임지지 않는다. 이제는 스펙과 학벌이 우리를 부자로 만들어주지 못한다. 그래서 더 가짜 부자가 판을 친다.

필자의 지인인 분양회사 P대표는 부산 해운대 오피스텔 40평대에 거주한다. 자가는 아니고 월세를 사는데 보증금 5천만 원, 월세 200만 원이다. 자동차도 1억 원 이상의 외제차다. 사회적 지위와 체면이 있기 때문에 다른 곳에선 살지 못하고 해운대에 산다고 한다. P대표는 바다 뷰가 쫙 보이는 오피스텔 생활에 대단히 만족했다. P대표를 아는 사람들은 그가 성공했다며 입을 모아 칭송했다.

사실 P대표는 아파트가 없다. 자신의 이름으로 된 부동산도 없다. 지금은 매달 월수입이 많기 때문에 생활하는 데 어려움이 없고, 먹여 살려야 할 처자식도 없으니 세상 편한 팔자고 아무 걱정 없는 인생이다. 그런데 최근 P대표의 삶이 흔들리기 시작했다. 항상 좋을 거라고 생각했던 부동산 경기가 금리 상승과 대출 규제 여파로 예전만 못해졌다. 분양회사를 운영하던 P대표의 사업도 매출이 꺾였다. 분양만 하면 날개 돋친 듯이 팔리던 물건들이 이제는 미분양으로 쌓여가고 있다.

세상에 영원한 것은 없다. 좋은 시절이 있으면 나쁜 시절이 있고, 호경기가 있으면 불경기도 있다. P대표의 사업은 수익이 절반으로 깎이더니 계약을 한 건도 따내지 못하는 달도 생겼다. 앞으로가 더 걱정이다. 부동산 경기가 어려워지면 분양 시장은 큰 시련을 겪는다. 마음이 급한 P대표는 직접 임차인을 찾기 위해 공인중개사무소에 방문했다. 공인중개사는 요즘 찾는 손님이 없다고 말한다.

여러분은 P대표의 이야기를 듣고 무슨 생각이 드는가? 세상에는 P대표와 같은 가짜 부자가 많다. 하고 다니는 것은 재벌보다 더 화려한데 속은 비어 있다. 여러분 주변에는 부자처럼 살고 있는 가짜 부자가 없는가? 진짜 부자와 가짜 부자를 아직 구분하지 못할 수도 있다. 조금만 세밀히 살펴보면 주변에 가짜 부자가 많다는 걸 알 수 있다. 그들의 본모습을 알기 전까지는 대부분 그들이 진짜 부자라고 생각한다.

진짜 부자는
무엇이 다른가

여러분은 부자처럼 살지 말고 진짜 부자가 되어야 한다. 필자가 이 책을 쓰는 이유도 바로 여기에 있다. 여러분이 진짜 부자가 되어야 여러분의 자녀도 더 큰 부자가 될 수 있다. 필자가 운영하는 공인중개사무소 고객 중에는 진짜 부자가 여럿 있다. 숙박업을 하시는 D대표가 대표적이다. 재산이 정확히 얼마인지는 알 수 없지만 대충 짐작해도 100억 원 이상인 것은 확실하다.

D대표의 사업도 최근 코로나19로 인해 수익이 반토막 나면서 어려움을 겪고 있다. 직원들 월급을 미룬 적은 없지만 항상 긴장하고 있다. 코로나19가 언젠가는 완전히 사라지겠지만 정확히 언제일지 모르기에 긴축재정을 감행했다. D대표는 집에서 회사까지 지하철을 타고 다닌다. 비싼 외제차가 있지만 기름값이 아깝다며 걸어 다닌다. 사실 D대표는 숙박업 말고도 부동산 임대수익이 한 달에 몇천만 원씩 나오기 때문에 잠깐 사업이 흔들려도 별 걱정이 없다. 그럼에도 그는 항상 아끼고 근검절약을 생활화한다. 출근하는 길에 가끔씩 필자의 사무실에 들려 부지런히 부동산 동향을 묻고 자문을 구한다.

진짜 부자와 가짜 부자의 가장 큰 차이점은 '남의 시선을 신경을 쓰느냐, 안 쓰느냐?' '외형에 치중을 하느냐, 본질을 추구하느냐?'라고 생각한다. 진짜 부자는 남이 나를 어떻게 신경 쓰는지 관심이 없다. 명품 옷, 명품 가방, 명품 신발에 신경 쓰지 않는다. 내가 100억 원대 부자인 것을 다른 누구보다 내가 더 잘 알고 있는데 남이 어떻게 보든 무슨 상관인가? 가짜 부자는 자신이 진짜 부자가 아니란 걸 알기에 진짜 부자인 척 명품을 찾는다. 부자처럼 보이기 위해 부자인 척 연기를 한다. 진짜인지 가짜인지는 결국 당당한지, 당당하지 못한지로 나뉜다. 여러분은 부자처럼 살지 말고 진짜 부자가 되길 바란다.

모범생이 아닌
모험생이 되자

어릴 때는 엄마 말을 잘 듣는 아이를 착한 아이라고 했다. 학교
다닐 때는 공부 잘하는 학생을 모범생이라고 했다. 사회에 나
와서는 일 잘하는 회사원을 모범사원이라 불렀다. 우리는 '모
범'이라는 단어에 열광한다. 국어사전에서 '모범(模範)'이란 '본
받아 배울 만한 본보기'라고 정의한다. 본받아 배울 만큼 본보
기가 되기에 우리는 모범시민, 모범경찰, 모범소방관, 모범학생
등 모범이란 단어를 앞에 붙인다.

　모범생은 모험을 좋아하지 않는다. 필자는 은행에 저축하는

사람이 모범생이라면, 투자자는 모험생이라고 생각한다. 예전에는 저축을 해도 부자가 될 수 있었지만 지금은 시대가 바뀌었다. 투자를 하지 않고 부자가 된 사람은 없다. 시대가 바뀌었는데 아직도 모험생이 아닌 모범생으로 살고 싶은가? 겉으로 보기에는 안정적이고 주변 사람들의 인정을 받지만 부자는 되지 못한다.

돈으로부터 자유로운 사람은 없다. 가정을 이루고 자녀를 키우다 보면 돈이라는 족쇄에서 벗어날 수 없다. 돈이 많다고 다 행복한 건 아니지만 돈이 없으면 불행할 확률이 높다. 돈은 여러분을 편하게 만들고 아름답게 만든다. 그리고 주변 사람들을 행복하게 만든다. 상위 0.1%의 고액 연봉자가 아닌 이상 월급만으로 인생을 풍요롭게 살 수는 없다. 그래서 여러분은 열심히 종잣돈을 모아서 부동산 투자를 해야 한다.

저축은 종잣돈을 모으는 수단이지 그 이상 그 이하도 아니다. 종잣돈 모으기에 성공했다면 재테크 1단계는 성공한 것이다. 이 1단계에서부터 실패하는 경우도 많다. 그만큼 종잣돈 모으기가 쉽지 않다. 1단계에 성공했다면 이제 모험생이 되어야 한다. 모범생이라면 정기예금을 택하겠지만, 1단계 이후에는 원금이 보장되고 안전한 예적금의 유혹에서 벗어나야 한다. 세상에 돈을 잃고 싶은 사람은 없다. 투자가 위험하다고 해서 예적금이 정답인 것은 아니다.

물가 상승과 화폐가치 하락을 고려하면 예적금만으로는 부족하다. 헤지를 위해 반드시 실물자산에 투자해야 한다. 실물자산의 대표 주자가 무엇인가? 바로 부동산이다. 부자가 되기 위해서는 남들과 똑같이 생각하거나 행동해서는 안 된다.

연봉을 많이 받기 위해 승진을 꿈꾸는 것도 물론 좋다. 그러나 아이러니하게도 필자는 승진이 유력한 '모범사원'이야말로 부자의 길에서 멀어질 수 있다고 생각한다. 왜냐하면 승진을 위해선 그만큼 회사 일에 몰두하고 늦게 퇴근해야 한다. 어쩌면 주말에도 회사에 출근해야 할지 모른다. 결국 승진이 되고 연봉이 올라도 회사에 더욱 많은 시간을 소비한다. 물론 회사에 평생을 바쳐 임원이 되고 사장이 되는 사람도 있겠지만 확률은 극히 미비하다.

부동산 투자도 남들과 다른 방식으로 접근해야 한다. 직장인은 대부분 자기가 살고 있는 집을 옮기는 수준에서 투자한다. 30평대 10억 원 아파트에서 살다가 돈을 모아 30평대 15억 원 아파트로 이사를 간다. 똘똘한 한 채에 산다는 건 그만큼 큰돈을 깔고 산다는 뜻이다. 10억~15억 원 아파트를 깔고 살 게 아니라 6억 원 정도 아파트에 살면서 나머지 돈으로 부동산 투자를 하는 것이 훨씬 낫다. 물론 당연히 6억 원 아파트보다 15억 원 아파트에 사는 것이 훨씬 편하고 행복하다. 하지만 젊을 때일수록 요즘 말하는 소위 '몸테크(불편한 주거환경을 무릅쓰고 투자하는 방식)'를 한다는 마음으로 살아야 한다.

모험생 부부 이야기

필자의 강의를 듣고 부동산 투자의 세계로 뛰어든 모험생 부부가 있다. 모험생 부부는 양산에 있는 3억 원짜리 아파트를 팔고 보증금 1억 5천만 원, 월세 50만 원짜리 집으로 이사를 갈 계획이라 했다. 그 이유에 대해 묻자 남편은 목돈을 공격적으로 활용하기 위해서라고 답했다. 지금은 월급만으로 사는 데 문제가 없지만 나중에 회사를 그만두면 가족의 생계가 위험하다는 생각에 적극적으로 투자에 임하겠다는 것이다.

모험생 부부는 집을 팔고 남은 1억 5천만 원으로 부산에 있는 아파트 분양권을 2개 샀다. 물론 초반에는 프리미엄을 조금 주고 사야 했다. 그런데 몇 년 후 입주 시점이 되자 프리미엄이 억 단위로 올랐고, 전세를 놓자 오히려 여윳돈이 남는 상황이 되었다.

필자는 이 부부와 상담을 하면서 많은 것을 느꼈다. 지금 당장 목돈이 있어야 부동산에 투자할 수 있다는 고정관념을 깼다. 모험생 부부도 처음에는 자가를 팔고 월셋집에 들어가는 게 부담스럽고 두려웠다. 잘 살고 있는 집을 팔고 그것도 월세로 간다고 하니 가족들도 만류했다. 그러나 이렇게 하지 않고는 부동산 투자를 할 수 있는 돈이 없었다. 사람들은 대부분 자신의 집을 투자에 활용하지 않는다. 적게는 수억 원, 많게는 십수억 원의 자산을 깔고 산다. 투자가 두렵고, 남의 시선이 두렵기 때문이다. '자가냐, 임대냐?' 하는 사회적 시선이 두려워서 용기를 내지 못한다.

　　만약 그들이 아파트를 팔지 않고 그대로 살았다면 어땠을까? 필자는 모험생 부부에게 물었다. 혹시 팔고 나온 양산 아파트는 얼마나 올랐는지 말이다. 시세 대비 약 1억 원 정도 올랐다고 한다. 모험생 부부는 아파트 분양권 투자를 통해 5억 원을 벌었다. 이것이 당신이 모범생이 아닌 모험생의 길을 걸어야 하는 이유다.

성공한 사람은 루틴이 있다

'루틴(routine)'의 사전적 의미는 '일상적인' '일과' '일반적인' '정기적인' '반복적인'이다. 우리말로 바꾸면 '규칙적으로 하는 일의 통상적인 순서와 방법'으로 해석할 수 있다. '시스템(system)'이라고도 부른다. 성공한 사람은 루틴이 있다. 항상 정해진 시간에 정해진 무언가를 한다.

얼마 전 우리의 영원한 일요일의 남자 송해 선생님께서 향년 95세를 일기로 별세하셨다. 우리가 송해 선생님을 존경하는 이유는 〈전국노래자랑〉이라는 프로그램을 통해 34년간 한 길을 걸으셨기 때문이다. 또 그의 소박하고 소탈한 삶이 많은 귀감이 되고 있다. 선생님은 매일 아침마다 빠짐없이 60년 단골 국밥집에서 4천 원짜리 아침식사를 드셨다. 그리고 매일 오후 4시에는 목욕탕에 가셨다. 오후 4시에 가는 이유는 그 시간이 목욕탕 물이 바뀌는 때이기 때문이다. 깨끗한 물에서 매일 목욕하고, 더운물과 찬물을 번갈아 가면서 탕욕을 즐기셨다. 200억 원대 재산을 지닌 부자임에도 변함없이 소탈한 선생님의 행보가 성공과 장수의 비결이었다.

필자는 야구광이다. 한국 프로야구뿐만 아니라 미국 메이저리그도 좋아한다. 국내 야구팀은 10개 팀이 있다. 매년 시즌이 끝나면 5위까지 포스트시즌에 진출해 우승을 가리고, 나머지 하위 5개 팀은 내년을 기약한다. 약 30년 동안 야구를 보면서 느낀 것은 성적이 좋은 상위 팀은 타순이 일정하게 정해져 있다는 것이다. 1번 타순부터 9번 타순까지 선발이 정해져 있는 경우가 대부분이다. 간혹 선발이 부상을 당하면 백업이 그 자리를 대신하지만 대부분은 주전선수가 루틴을 지킨다. 준비가 되어 있는 팀은 성적이 좋을 수밖에 없다.

그럼 하위권 팀의 특징은 무엇일까? 루틴이 없다는 것이다. 오늘은 이 선수, 내일은 다른 선수가 뒤죽박죽 들어가기 때문에 변화가 많다. 어떤 날은 운이 좋아 이기는 날도 있지만 요행은 오래가지 못한다. 요행이 끝나면 다시 연패를 하면서 하위권으로 내려간다.

루틴이
성공을 만든다

부동산 투자로 돈을 번 부자들도 일정한 루틴이 있다. 그들의 루틴은 간단하다. 부동산 경기가 나쁠 때, 가격이 하락할 때 싸게 산다. 그리고 부동산 경기가 좋을 때, 가격이 오를 때 판다. 말로만 보면 쉽게 느껴지지만 실제로는 실천하기 어려운 루틴이다. 부동산 경기는 항상 좋지만은 않다. 또 항상 나쁘지만은 않다. 부동산 투자에서 실패를 경험하는 이들은 루틴이 없다. 조금만 가격이 떨어지고 흔들리면 계속 폭락할 것만 같아 불안해한다. 그리고 결국엔 손해를 감수하고 팔고 나온다. 가격이 오를 땐 또 어떤가? 천정부지 치솟으면 꼭지인 줄 모르고 비싼 값에 매수하는 무리수를 둔다.

부동산은 경기가 좋으면 거래가 많이 일어나면서 가격이 상승하고, 반대로 경기가 나쁘면 거래가 끊기면서 시장이 조용해진다. 거래가 안 되는 기간이 길어지면 부동산 가격이 본격적으로 하락하면서 급매가 늘어난다. 부자들은 아파트의 경우 시세 대비 20~30% 정도 하락하면 움직이기 시작한다. 예를 들어 시세 10억 원대 아파트가 7억~8억 원으로 떨어지면 전세 5억~6억 원을 끼고 갭투자한다. 그리고 전세 2년 또는 4년 후 12억 원에 매도한다. 자본금 2억 원 정도를 투자해서 2년 또는 4년 만에 약 4억 원을 번다. 투자금 대비 2배를 버는 셈이다. 부동산 부자들은 이런 루틴을 항상 반복하면서 투자하고 있다. 만약 12억 원에 매도하지 않고 시세대로 10억 원에 매도해도 2억 원이 남는다. 투자는 이런 시스템으로 하는 것이다.

실패하지 않는
투자란 없다

성공의 가장 큰 적은 실패에 대한 두려움이다. 투자를 시작하기도 전에 두려움이 앞서 망설인다면 여러분에게는 아무 일도 일어나지 않는다. 초보 투자자가 투자에 성공하기 위해서는 일단 투자를 해야 한다. 나는 시작이 가장 중요하다고 생각한다. 필자가 강연장에서 왜 투자를 하지 않느냐고 물어보면 다들 두렵고 확신이 없다고 말한다. 물론 부동산 투자는 일단 목돈이 들어가니 문턱이 높다. 하지만 그 문턱을 넘지 못하면 아무 일도 벌어지지 않는다.

세상에 100% 실패하지 않는 투자는 없다. 필자가 부동산 세계에 본격적으로 입문한 이유도 실패를 경험했기 때문이었다. 2008년 부산에 있는 아파트 분양권에 투자했다가 계약금 5%인 약 1,500만 원을 잃은 적이 있다. 외국에서 피땀 흘려 번 1,500만 원을 잃고 부동산 투자를 혐오했다. 그래서 한동안 부동산은 쳐다보지도 않았다. 20대 후반에 경험한 실패치고는 수험료가 꽤 컸다.

이후 슬럼프를 이겨내면서 왜 실패했는지 분석했다. 부동산 전문가를 찾아다니며 배움에 돈을 아끼지 않았다. 경매 학원에 다니면서 부동산 권리분석과 경매 절차, 그리고 명도와 임대에 대해 공부했다. 이후 첫 경매 낙찰을 계기로 부동산 투자의 세계에 본격적으로 발을 디뎠다. 만약 필자가 2008년 첫 부동산 투자에 실패하지 않았다면 이렇게까지 부동산 공부에 열을 올릴 수 있었을까? 그냥 그 집에 만족하며 남들처럼 안전만 추구하지 않았을까?

처음부터 실패하지 않고 성공하는 것도 인생의 큰 경험이고 축복이다. 그러나 실패가 두려워 투자하지 않는다면, 아무것도 하지 않고 안주한다면 더 큰 실패를 경험하는 것이다. 세상에 100% 실패하지 않는 투자는 없다. 설사 실패를 맛보더라도 여러분의 긴 인생에 있어 보약이 될 것이다.

★ ☆ ☆

아파트를 실거주로 사든 투자로 사든
무조건 입지 조건을 따져야 한다.
아파트 가격이 아무리 싸도 입지가 나쁘면
투자를 다시 생각해야 한다.
아무리 싸도 가격이 오르지 않으면 실패한 투자다.

3장

어디에
투자할 것인가?

첫째도, 둘째도, 셋째도 입지다

부동산은 입지가 생명이다. 상가, 토지, 주택, 빌라, 아파트, 오피스텔 등 모든 부동산은 입지가 80%를 차지한다. 그만큼 중요하다는 이야기다. 예를 들어 5천 세대의 브랜드 아파트가 분양을 한다고 가정해보자. 분양가가 주변 시세보다 평당 200만 원 싸다면 사람들의 관심이 폭발할 것이다. 그런데 아파트의 입지가 지리산 청학동 꼭대기라면 어떨까? 사람들의 관심이 순식간에 가라앉을 것이다. 아무리 브랜드 아파트고 분양가가 주변 시세보다 싸도 입지가 나쁘면 소용없다. 입지가 부동산 가격을 결정하기 때문이다.

아파트뿐만 아니라 토지도 입지가 중요하다. 토지가 도로를 접하고 있느냐, 없느냐에 따라 맹지가 될 수도 있고 개발계획을 수립할 수도 있기 때문이다. 토지는 그래서 입지 용도에 따라 가치가 달라진다.

여러분이 부동산에 투자한다면 우선 입지부터 고려해야 한다. 입지가 지하철 역세권인지, 한강이 보이는 조망권인지, 초중고가 가까운 학세권인지, 공원이 있는 공세권인지에 따라 부동산 가격이 영향을 받는다. 어느 입지에 투자를 하느냐에 따라 앞으로의 가격 양상이 달라진다.

누누이 강조하지만 소액 부동산, 그중에서도 소형 아파트에 투자할 때는 지하철까지 도보 10분 이내인지 확인해야 한다. 지하철이 없으면 앞으로 지하철이 개통될 지역에 투자해야 한다. 입지에는 여러 요소가 있지만 결국 관건은 지하철 역세권이다. 자동차 없이 출퇴근하는 사람들은 지하철이 제1순위다. 지하철이 없는 지역은 버스정류장과 시외버스터미널, KTX역 주변을 고려해야 한다.

부동산 투자는 내가 좋아하는 부동산을 사는 것이 아니라 남이 좋아하는 부동산을 사야 한다. 내가 산이 좋고 시골이 좋고 인적 드문 한적한 곳이 좋다고 거기에 있는 아파트를 사면 안 된다. 부동산 가격은 누구나 사고 싶고 살고 싶은 곳이 오르게 되어 있다.

입지가 가격을 결정한다

아파트를 실거주로 사든 투자로 사든 무조건 입지 조건을 따져야 한다. 아파트 가격이 아무리 싸도 입지가 나쁘면 투자를 다시 생각해야 한다. 아무리 싸도 가격이 오르지 않으면 실패한 투자다.

우리나라에서 부동산이라고 하면 '강남'을 떠올리는 이유도 강남의 입지 때문이다. 강남은 교통의 중심지이자 8학군, 풍부한 일자리, 문화 인프라 등 입지적으로 플러스 요인이 압도적으로 뛰어난 곳이다. 서울특별시에서 강남으로 연결되지 않는 곳은 없다. 서울의 학군은 총 11개로 나뉘는데 그중 강남구와 서초구가 강남서초교육지원청의 8학군으로 분류된다.

강남구의 인구는 50만 명 정도지만 일자리는 70만 개 이상에 달한다. 인구보다 일자리가 많다는 것은 하루에 거주민보다 많은 사람이 강남구에서 출퇴근한다는 뜻이다. 사람이 몰리는 곳에 돈과 서비스가 몰리기 마련이다. 직장인만 놓고 봐도 정오쯤 점심을 먹고, 수시로 주변 카페에서 커피를 마시고, 퇴근 후에도 무언가를 소비한다. 강남역 상권이 우리나라 최고의 상권이 될 수밖에 없는 배경이다. 강남은 롯데백화점, 신세계백화점, 현대백화점이 몰려 있고 높은 건물이 즐비하다. 부동산 시장의 바로미터인 스타벅스 매장만 보더라도 서울 약 600개의 매장 중 강남구에만 약 100개가 집중되어 있다

　강남구 아파트 가격이 우리나라에서 가장 비싼 이유가 여기에 있다. 교통, 학군, 일자리, 인프라의 영향이 크다. 강남 부자들은 다른 어떤 신도시가 들어와도 그곳으로 이사 가지 않는다. 왜냐하면 강남의 입지적 가치는 변하지 않기 때문이다. 입지의 영속성은 부동산 투자의 핵심 중의 핵심이다.

　필자는 수년 전 부산 서면에 있는 삼한골든뷰센트럴파크 분양권에 투자했다. 도시철도 1호선 부전역 초역세권이었고, 주변에 부전역 복합환승센터가 들어설 예정이었다. 인근에 부산시민공원이 도보 5분 거리였고, 앞으로 '부전-울산 동해선'과 '부전-마산 복선전철'이 들어오면 교통의 중심지가 될 가능성이 컸다. 필자는 분양 초기에 적은 돈의 프리미엄을 주고 분양권을 구입했다. 입지가 완벽한 곳이었지만 주상복합 아파트였고, 브랜드 건설사가 아닌 지방 3군 업체였기에 당시에는 반

응이 미지근했다. 그러다 아파트가 입주할 시점에 부산시민공원이 개장하면서 관심이 커지기 시작했다. 부전-울산 동해선 라인 중 일광-울산 구간이 개통되면서 아파트 값이 본격적으로 올랐다. 4억 5천만 원에 분양한 아파트는 입주 후 2년 만에 10억 원이 넘어가면서 지역 랜드마크가 되었다.

삼한골든뷰센트럴파크 분양권 투자 사례는 아파트의 가치가 입지에 있다는 것을 단적으로 보여주는 좋은 예다. 흔히 아파트가 주상복합인지, 대단지인지, 브랜드 건설사인지 등 여러 기준을 두고 투자하지만 이 모든 것을 입지가 뛰어넘는다. 그만큼 부동산은 첫째도 입지, 둘째도 입지, 셋째도 입지다.

역세권의 개념이 바뀌고 있다

최근 지하철 역세권의 개념이 바뀌고 있다. 예전에는 지하철에서 아파트까지의 거리가 500m에서 1km 정도 떨어진 아파트도 역세권 아파트라고 했다. 그러나 기후 변화로 여름과 겨울이 길어지면서 역세권의 기준이 점점 촘촘해지고 있다. 최근에는 아파트와 지하철 간 거리가 300m 안으로 들어와야 진정한 역세권으로 인정받는 분위기다.

사람은 누구나 편리함을 선호한다. 걷는 것을 좋아하는 사람은 없다. 특히 우리나라는 여름에 습하고 기온이 높기 때문

1천만 원 부동산 투자

에 역세권 여부가 가격에 더더욱 큰 영향을 미친다.

우선 역세권의 개념부터 정확히 알아둘 필요가 있다. 입지 요소 중 가장 중요하기 때문이다. 역세권의 일반적 정의와 법률적 정의는 다음과 같다.

- 역세권의 일반적 정의: 역을 중심으로 한 권역을 의미함. 그 범위에 대한 명확한 규정은 없으나 보통 도보 5~10분 이내 도달 가능한 역사 중심으로부터 반경 500m 이내를 지칭함.
- 역세권의 법률적 정의: 「역세권의 개발 및 이용에 관한 법률」에서는 철도역 및 주변 지역을 역세권이라 정의함.

앞의 역세권의 두 가지 의미에서 우리는 보통 일반적 정의를 역세권으로 생각한다. 일반적 정의의 역세권 개념은 역사 중심으로부터 반경 500m 이내인데, 최근에는 300m 이하로 좁혀지는 양상이다. 혹자는 300m 이내의 역세권을 '초역세권'이라 구분해 부른다.

역세권 여부는 가격에도 반영된다. 지하철 호선에 따라 차이는 있지만 입주년도, 세대수가 비슷한 아파트를 기준으로 역세권 유무에 따라 가격 차이를 보인다. 부동산114에서 시장이 활황기였던 2018년을 기준으로 수도권 역세권 및 비역세권 아

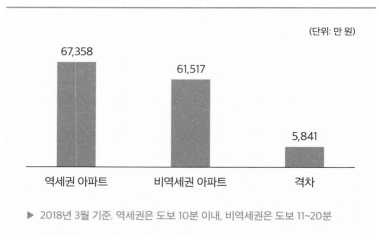

수도권 지하철 역세권 vs. 비역세권 비교

(단위: 만 원)

67,358

61,517

5,841

| 역세권 아파트 | 비역세권 아파트 | 격차 |

▶ 2018년 3월 기준. 역세권은 도보 10분 이내, 비역세권은 도보 11~20분

자료: 부동산114

파트 가격을 분석한 자료에 따르면, 역세권 아파트는 비역세권 아파트보다 평균 약 5,800만 원 더 높은 가격을 나타냈다. 가격 격차가 가장 큰 노선은 경강선으로 3억 4,456만 원 차이가 났고, 1억 1,080만 원 차이를 보인 경의중앙선이 그다음으로 격차가 컸다.

이처럼 아파트 가격에 있어 역세권 여부는 큰 변수로 작용한다. 따라서 아파트 투자를 하는 데 있어 역세권 유무를 1순위로 따져야 한다. 아니면 최소한 앞으로 역이 신규 개통할 곳을 찾아 그 근처에 투자해야 한다.

관건은
심리적 역세권

지하철 역세권은 사람들의 심리적 편리함을 기반으로 거리의 개념이 바뀌어 왔다. 앞으로 지하철역과의 거리가 100m 안으로 들어와야 진정한 역세권이라고 하는 날이 올지도 모른다. 시간이 더 지나면 지하철역과 아파트 출입구가 연결된 곳만 역세권이라고 하는 시대가 올 수도 있다. 사람은 누구나 편리한 것을 좋아한다. 좀 더 편하게 살기 위해서 돈을 지불해 가전제품도 사고, 자동차도 사는 것이다.

아파트의 가치도 편리함이 영향을 크게 미친다. 사는 곳에서 지하철까지의 거리가 가까우면 걸어 다니기 편하다. 또 초중고 거리가 가까우면 학생뿐만 아니라 자녀를 데려다주는 학부모도 편하다. 아파트의 입지가 부동산 가치를 결정하는 제1순위라는 것을 명심하길 바란다.

무엇보다 심리적 역세권이 중요하다. 비 오는 날 지하철에 내려서 집에 갈 때 택시를 탈지 말지 고민한다면 역세권 아파트에 산다고 하기 어렵다. 진정한 역세권이라면 고민 없이 우산을 쓰고 걸어갈 것이다. 택시를 탈지 말지 고민한다는 것은 거리가 애매하게 멀다는 뜻이다. 고민 없이 우산을 펼치고 걸

어야 심리적 역세권에 부합하는 집이라고 할 수 있다. 심리적
으로 확실한 역세권 부동산에 살아야 여러분의 자산을 지킬 수
있다.

1천만 원 부동산 투자

주식을 포기할 수 없다는 당신에게

많은 사람이 아직도 주식 투자를 할지, 부동산 투자를 할지, 아니면 둘 다 할지 고민한다. 말이 쉽지 2가지를 병행하기에는 시간과 자금이 부족하다. 필자 주변에도 부동산 투자를 하는 사람은 부동산 투자만 하고, 주식 투자를 하는 사람은 주식 투자만 한다. 주식과 부동산은 그만큼 접근 방식과 철학이 다르다.

주식 투자는 시세차익을 목적으로 주식회사의 증권을 사고파는 투자 활동을 말한다. 과거에는 주로 증권사를 통해 주식을 사고파는 간접투자 형식이었다. 인터넷이 발달하면서 스마트폰으로도 직접투자가 가능해졌고 이제는 누구나 쉽게 주식 투자를 할 수 있게 되었다. 인터넷 환경의 발달이 오히려 맹점이 되어 위험한 단타 매매를 하는 사람만 늘어난 것 같다.

부동산 투자는 동산이 아닌 실물자산에 투자하기 때문에 훨씬 리스크가 적다. 실제로 사용할 수 있는 사용가치가 있는 실물자산이기에 직접 사용하지 않더라도 다른 사람에게 임대를 줄 수 있다. 주식은 잘못 투자하면 모든 것을 잃지만 부동산은 토지와 건물이 남는다. 이것이 부동산 투자의 비교우위라고 할 수 있다.

초보 투자자일수록
부동산에 투자해야

필자는 여러분의 첫 번째 투자처가 꼭 부동산이었으면 좋겠다. 개인적으로 부동산 공부보다 주식 공부가 2~3배는 더 어렵다고 생각한다. 주식은 거시경제뿐만 아니라 미시경제, 그리고 대외 변수 등 세계 경제의 흐름도 알아야 한다. 미국, 유럽, 중국, 일본 등의 주가지수 및 동향도 알아야 하기 때문에 초보 투자자가 종목을 결정하기란 쉽지 않다. 종목을 선택하더라도 언제 매수, 매도할지 타이밍을 잡기는 더 어렵다. 무엇보다 우리는 북한이라는 '코리아 디스카운트' 요인도 잠재되어 있다.

부동산은 주식만큼 어렵지 않다. 부동산도 종목에 따라 다르지만 수요와 공급의 원리를 알면 대략적인 틀은 잡힌 것이다. 희소가치 있는 부동산만 찾으면 된다. 내가 좋아하는 부동산이 아닌 남이 좋아하는 부동산에 투자하면 실패할 확률이 낮아진다. 부동산 투자는 그 특성상 장기투자가 필수이기 때문에 투자자의 심리적 변수가 개입할 확률도 낮다. 대출과 세금 부분만 잘 공부하면 큰 어려움이 없다.

언제나 정답은 부동산이다. 부동산이 먼저고 주식은 그다음 순서란 것을 명심하기 바란다.

용의 꼬리가 뱀의 머리보다 낫다

속담 중에 용의 꼬리보다 뱀의 머리가 낫다는 말이 있다. 이 말은 용의 꼬리가 되어 뒤꽁무니를 쫓는 것보다 뱀의 머리가 되어 앞장서는 것이 낫다는 뜻이다. 큰 단체의 꼴찌보다는 작은 단체의 우두머리가 낫다는 말로써 필자는 부동산 투자 역시 비슷한 이치라고 본다.

부동산은 입지와의 싸움이다. 부동산은 말 그대로 '고정성'이란 특성을 갖고 있기 때문에 입지의 중요성이 매우 크다. 1급지에 있는 부동산은 가격이 계속 상승할 수밖에 없다. 누구나 서울을 선호하고, 그중에서도 강남을 선호한다. 돈만 있으면 강남 아파트에 살려고 한다. 돈이 없기 때문에 강북에 사는 것이다. 강북에 사는 사람은 그래서 열심히 일하고 돈을 모아서 강남으로 이사를 오려고 노력한다.

부동산 투자는 강남에 해야 한다. 돈이 없으면 강남의 싼 아파트를 사는 게 강북의 좋은 아파트보다 낫다. 강남은 강남이고 강북은 영원히 강북이라는 뜻이다. 물론 투자 시기에 따라 강북의 물건이 더 높은 투자수익률을 기록할 수도 있다. 그러나 보다 넓은 시야로 전체적으로 조명하면 강북이 강남을 이길 수는 없다. 이건 서울의 이야기만이 아니다. 지방 소도시도 마찬가지다.

부산에서 가장 살기 좋고 아파트 가격이 비싼 도시는 해운대구다. 해운대구에 있는 학군 좋고 뷰 좋은 아파트가 부산에서 가장 비싸다. 이런 아파트에 투자할 수 없으면 해운대구에서 저평가된 아파트를 찾으면 된다. 이마저도 투자할 돈이 없으면 다른 2~3급지를 찾아야 한다. 요지는 1급지 물건을 살 돈이 있으면 1급지를 사야지 2~3급지의 대장 아파트가 싸다고 투자해선 안 된다는 이야기다.

필자도 부린이 시절에는 1급지 인근 저렴한 아파트보다 2~3급지의 대장 아파트가 훨씬 투자가치가 높다고 생각했다. 실제로 1급지 대신 2~3급지를 택한 적도 있다. 처음에는 좋은 선택이었다고 생각했으나 시간이 지나고 보니 2~3급지의 대장 아파트보다 1급지의 저평가된 아파트 가격이 훨씬 많이 상승했다. 왜 사람들이 1급지에 목매는지 직접 경험해보니 알 수 있었다.

1급지를 이길
2~3급지는 없다

1등 지역의 저평가된 아파트가 2~3등 지역의 대장 아파트보다 경쟁력 있는 이유는 부동산의 희소가치에 있다. 부산에서 1급지인 해운대라는 곳의 희소가치는 변하지 않는다. 지금 대통령집무실이 강북 용산구에 있다고 해서 서울 강남이 용산구로 이동하지는 않는다. 절대 그럴 일은 없다. 강남의 입지가치는 변하지 않는다. 부산의 해운대구도 마찬가지다. 해운대구에 있는 해운대 해수욕장의 입지가 바뀌지 않는 것과 마찬가지다.

부동산의 특성인 고정성과 영속성 그리고 희소성은 절대 변하지 않는 진리다. 부자가 되기 위해서는 주변에 부자가 많아야 한다. 여러분의 핸드폰에 저장된 사람 중 부자는 몇 명이나 되는가? 혹시 10명 이상 있다면 당신은 부자가 될 확률이 높다. 그러나 주변에 부자보다 빈자가 압도적으로 많다면 절대 부자가 될 수 없다. 부자가 되기 위해서는 부자의 줄에 서야 한다. 부자랑 만나고 어울려야 좋은 정보를 얻을 수 있다.

'맹모삼천지교(孟母三遷之敎)'라는 말을 들어본 적이 있는가? 맹자의 어머니가 맹자의 교육을 위해 세 차례 이사한 데서 유래한 고사성어다. 맹자의 어머니도 자식 교육을 위해서 2~3급지가 아닌 1급지를 택했다. 이 땅의 어머니들도 마찬가지다. 강남 8학군이라는 말은 학군의 중요성을 단적으로 표현한 예라고 할 수 있다. 부모는 아이가 공부하기 좋은 지역을 선호한다. 최고의 학군이 최고의 학교로 이어지기 때문이다. 개천에서 용 난다는 말은 옛말이다. 과거에는 환경이 좋지 않아도 사법고시를 통해 판사, 검사, 변호사가 될 수 있었지만 이제는 로스쿨을 나와야 된다. 그것도 학비가 비싼 명문대에 들어가야 확률이 높아진다.

1등은 1등을 하는 이유가 있다. 누구나 1등을 할 수는 없다. 1등의 희소가치가 큰 이유다. 여러분은 어디에 투자할 것인가? 1급지인가, 애매한 2~3급지인가? 용의 꼬리보다 뱀의 머리가 낫다는 말은 틀린 말이다. 부동산 투자의 세계에선 용의 꼬리가 뱀의 머리보다 낫다.

주택은 남향,
상가는 북향?

부동산은 남향이 좋다는 말을 많이 들어봤을 것이다. 부동산은 움직이지 않는 고정성이란 특징을 갖고 있다. 만들어질 때부터 방향이 정해지기 때문에 방향에 따라 부동산의 가치도 달라진다. 그런데 모든 부동산이 남향이어야 좋은 것은 아니다. 상가는 주택과 반대로 북향이 좋다.

주택의 경우 왜 남향이 좋다는 걸까? 태양의 고도와 바람의 방향 때문이다. 태양의 높낮이는 여름(하지)에 높고 겨울(동지)에 낮다. 정남향 집의 경우 태양의 고도가 낮은 겨울(동지)에도

계절별 태양의 고도

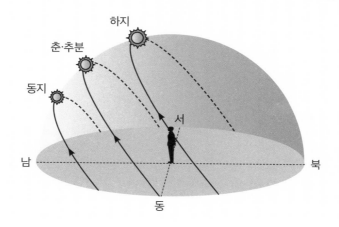

해가 뜨고 질 때까지 계속 햇빛이 들어온다. 당연히 집 안도 상대적으로 따뜻하기 때문에 가스비도 적게 든다.

참고로 태양의 고도가 가장 높은 여름(하지)에 밖에 돌아다니면 우리 몸에서 머리 정수리 부위가 가장 뜨겁다. 마찬가지로 아파트도 맨 꼭대기 층이 가장 더울 수밖에 없다. 꼭대기 층이 비선호층인 이유가 여기에 있다. 여름에 그만큼 덥기 때문이다.

남향이 인기가 많은 또 하나의 이유는 바람의 방향 때문이다. 우리나라는 여름에 동남풍이 불고 겨울에 북서풍이 분다. 아파트 거실 방향이 남향이면 여름에 거실문을 열 경우 시원한 바람이 불어온다. 반대로 거실 방향이 북향이면 겨울에 거실문을 열 경우 찬바람이 들어온다. 북향 집이 춥다고 하는 이유가 여기에 있다. 겨울엔 시베리아기단의 영향으로 찬 북서풍이 불기 때문이다.

왜 상가는 북향이 좋을까?

그럼 상가는 왜 북향을 선호하는 걸까? 물론 상가의 종류에 따라 남향이 더 좋을 수도 있다. 그러나 대체로 상가는 북향을 선호한다. 상가에 입점하는 업종이 요식업과 소매점인 경우 특히 그렇다. 요식업의 경우 상가 방향을 남향으로 잡으면 음식이 상하기 쉽다. 예를 들어 김밥집의 경우 점포가 남향이면 김밥을 만드는 과정에서 김밥 재료가 햇빛에 노출된다. 여름에는 식중독 사고도 벌어질 수 있어 음식점은 되도록 햇빛이 잘 들어오지 않는 북향을 선호한다. 음식점은 첫째도 안전, 둘째도 안전이다. 대를 이어 30년 이상 가게를 이어온 유명 맛집도 식중독 사고가 발생하면 한순간에 문을 닫는다.

소매점도 그렇다. 상품을 전시할 때 보통 가게 입구 쪽에 공간을 만들어 물건을 배치하는데, 햇빛이 많이 들어오면 빛이 반사되어 상품의 가시효과가 떨어진다. 상가는 주택과 달리 사람이 사는 곳이 아닌 물건을 파는 곳이다. 결국 접근성과 물건을 볼 수 있는 가시성이 생명이다. 상가의 입지도 고정적이기 때문에 한 번 선택하면 변하지 않는다. 계약을 파기하거나 다 채우고 이전하지 않는 이상 그곳에서 계속 장사를 해야 한다. 당연히 입지가 장사의 흥망성쇠를 결정하는 데 크게 작용한다.

이러한 여러 가지 이유로 주택은 남향을 사고, 상가는 북향을 사는 것이 좋다. 물론 특수한 지역이나 환경에서는 그렇지 않을 수 있다. 예를 들어 한강 뷰가 멋지게 보이는 북향 집이라면 한강 뷰가 보이지 않는 남향 집보다 가치가 높을 수 있다. 바다 뷰가 쫙 보이는 남향의 음식점이 북향 상가보다 장사가 더 잘될 수 있다. 부동산은 개별성이 강하기 때문에 일반화할 수 없지만 일반적으로 주택은 남향, 상가는 북향이 좋다는 걸 알아두기 바란다.

진짜 로열층은 따로 있다

로열층의 인기가 좋은 이유는 많은 사람이 선호하기 때문이다. 수요가 많으니 로열층은 다른 층에 비해 가격이 높게 측정된다. 과거 로열층이라 하면 보통 아파트 층수에서 2/3 이상 되는 층수를 말했다. 예를 들어 30층 높이라면 20층 이상, 29층 이하가 로열층에 속한다. 꼭대기 층이 빠진 이유는 여름에 덥다는 이유로 아직까지 꺼리는 경우가 많아서다.

로열층의 개념은 아파트 문화가 만들어지고 나서부터 생겨났다. 역사가 오래되지 않아서 그 개념이 시기와 지역에 따

1천만 원 부동산 투자

라 다르게 적용된다. 로열층의 사전적 의미는 '고층 아파트에서 햇빛이 잘 들고 높지도 낮지도 아니해 생활하기에 가장 좋은 층'이다. 저층보다는 고층이 선호되는 이유는 햇빛이 잘 들어야 한다는 조건 때문이다.

서울에서는 고층보다는 중간층을 로열층이라 보는 경우가 많다. 30층짜리 아파트면 25층 이상보다는 15층 정도를 선호한다. 이유는 간단하다. 편리성 때문이다. 수도권은 주상복합 아파트가 많다. 아파트를 지을 수 있는 땅이 적기 때문에 높게 짓는데, 층수가 너무 높으면 엘리베이터 이용시간이 길어진다. 엘리베이터가 여러 대 있다 하더라도 중간층이 효율이 가장 좋다.

일조권보다
중요해진 조망권

지방 광역시나 대도시 아파트는 대부분 높은 층을 선호한다. 층수의 2/3 이상 되어야 조망이 좋고, 특히 산과 바다 뷰를 볼 수 있는 지역은 높은 층일수록 가치가 높다. 예전에는 일조권이 아파트의 가치를 결정했다. 정남향의 일조량 많은 아파트가 난방비가 적게 나와 인기가 좋았다. 일조량이 많으면 집 안에 곰팡이도 피지 않고 쾌적하다는 장점도 있다. 그런데 최근에는 일조권보다 조망권이 중요한 요인으로 각광받고 있다. 예를 들어 한강이 보이는 북향 아파트가 도시 뷰가 좋은 남향 아파트보다 훨씬 비싸다. 바다 뷰가 보이는 아파트 역시 보이지 않는 아파트보다 가격이 비싸다.

일조권에서 조망권으로 트렌드가 바뀐 이유는 무엇일까? 냉난방기와 환기 시스템 등의 발달로 북향 집의 단점이 일부 개선되었고, 사람들의 생활수준이 높아지면서 관리비 문제가 큰 걸림돌이 되지 않고 있다. 한강 뷰, 바다 뷰와 같은 희소성의 무게가 좀 더 중요해진 배경이다. 일조량은 기술의 발달로 대처가 가능한 반면, 한 번 결정된 조망은 영원하다.

층간소음 없는
필로티 2층

국내 아파트 거주자의 비율이 점점 높아지고 있다. 통계청의 2022년 7월 조사 결과에 따르면 집계 이래 처음으로 아파트 거주 비율이 51.9%로 전체 인구의 절반을 넘어섰다. 앞으로 이뤄질 재개발·재건축, 가로주택정비사업 등을 고려하면 아파트 거주 비율은 보다 높아질 것으로 보인다. 아파트 거주 비율이 늘어나면서 이웃 간 소음과 관련된 갈등도 증가하는 추세다. 한국환경공단 층간소음 이웃사이센터에 따르면 관련 민원 접수 건수가 2015년 1만 7,278건에서 2020년 4만 2,250건으로 두 배 이상 늘었다.

층간소음 문제가 불거지면서 필로티 2층과 초고층 건축물의 피난층 위아래층이 새로운 로열층으로 떠올랐다. 필로티 구조란 1층에 기둥을 세워 2층부터 세대가 시작되는 주거 형태를 뜻한다. 필로티 2층은 아랫집에 사람이 없어 눈치 보지 않고 살 수 있다는 장점이 있다. 예로부터 꼭대기층과 더불어 1층은 기피 매물이었다. 햇빛이 잘 안 들어오고, 지면과 붙어 있어 습기에 취약하고, 지나가는 사람도 창문을 통해 안을 들여다 볼 수 있어 사생활 보호가 어려웠다. 그래서 최근에는 1층을 아예 비워 로비층으로 쓰는 아파트가 늘고 있다.

필로티 2층의 가장 큰 장점은 사회적으로 큰 문제가 되고 있는 층간소음에서 자유롭다는 데 있다. 1층이 없기 때문에 아이들이 아무리 뛰어도 누구 하나 뭐라고 하지 않는다. 자가로 살든, 임대로 살든 층간소음 문제는 삶의 질을 저하시키는 예민한 문제이기 때문에 필로티 2층을 로열층으로 꼽는 수요자도 적지 않다.

피난층 위아래층도 인기가 좋다. 보통 50층 이상 되는 건축물을 초고층 건축물이라고 부른다. 초고층 건축물은 규정상 피난층 또는 지상으로 통하는 직통 계단과 직접 연결되는 피난안전구역을 설치해야 한다. 예를 들어 피난층이 30층이라면 그 위아래층인 29층, 31층이 층간소음 문제에서 자유롭다. 층수도 높아 조망권과 일조권이 확보되기 때문에 인기가 많다. 무엇보다 피난층은 화재 시 고층부에 있는 사람들이 지상으로 한꺼번에 몰리면서 발생하는 인명 피해를 최소화하기 위해 설치되었기 때문에 안전성 면에서도 뛰어나다. 피난층 및 피난안전구역의 마감재는 불에 타지 않는 불연재를 사용해야 하고, 소화전과 인명구조기구 등을 갖춰야 한다.

이처럼 사회가 복잡해지고 건축물이 높아질수록 로열층의 개념도 바뀌고 있다. 여러분은 어디에 살고 싶은가? 사람들이 살고 싶은 집을 사야 자산을 지킬 수 있다.

좋은 소형
아파트의 조건

'초품아'라는 용어가 있다. 초품아란 '초등학교를 품은 아파트'라는 뜻으로 아파트 단지 내에 초등학교가 있어 횡단보도나 신호등을 건너지 않고 바로 등교 가능한 아파트를 뜻한다. 초품아는 전세가 비율과 매매가가 높다. 아파트 가격과 학군은 떼려야 뗄 수 없다. 부동산 투자를 해본 사람이라면 다 공감하는 이야기다. 자식 교육에 대한 부모의 소망과 기대는 나날이 커지고 있다. 무엇보다 초품아에 살면 자녀 등교지도에 드는 시간이 줄어든다. 맞벌이로 바쁜 하루를 보내는 부모들에게 초품아가 인기 높은 이유다.

필자는 자녀가 3명이나 된다. 큰아이는 중학생이지만 둘째와 막내는 초등학생이다. 초등학교와 걸어서 10분 떨어진 신축 아파트에서 살다가 구축 초품아 아파트로 이사를 갔는데 삶의 질이 크게 달라졌다. 초품아에서 사니 막내도 혼자 등교하는데 무리가 없다. 사람은 누구나 편한 것을 선호한다. 삶을 편하게 만드는 물건은 수요가 반드시 있기 마련이다.

아파트의 가치는 학군이 결정한다

아파트 선택에 있어 학부모들의 가장 큰 고민은 자녀의 학교 문제다. 학교가 집에서 가깝고, 학군이 좋은 부동산을 선호하는 것은 부모의 당연한 도리다. 그래서 아파트 가격은 학교와의 거리, 학군에 따라 달라진다. 괜히 '학세권'이라는 말이 있는 게 아니다. 학세권의 사전적 의미는 '인근에 유치원, 학교, 학원 따위의 교육시설이 밀집해 있어 교육환경이 좋은 주거 지역'을 일컫는다. 특히 초중고가 밀집해 있는 대단지 아파트의 경우 인기가 대단히 높다. 실제 초중고가 가깝고, 통학 환경이 안전

1천만 원 부동산 투자

하고, 주변에 교육 인프라(학원, 독서실, 서점 등)가 풍부한 곳은 매매가격과 전세가격이 높다.

부산광역시에 30평대 아파트 중 가장 먼저 매매가 10억 원을 넘은 아파트는 해운대구에 있는 아파트가 아니었다. 동래구 사직동에 있는 사직롯데캐슬더클래식이었다. 3호선 사직역과 1분 거리에 있는 역세권이자 여고초등학교를 품은 이른바 초품아였기 때문이다. 여고초등학교는 입학 시 남학생의 경우 인근 여명중학교에 들어갈 수 있어 학부모들 사이에서 인기가 대단히 높다. 여명중학교는 명문 중학교로 남녀공학이 아닌 남중이기 때문에 내신에 민감한 학부모들이 특히 선호한다.

이처럼 아파트의 가격은 입지와 학군에 의해 영향을 받는다. 이뿐만 아니라 아파트의 크기도 중요하다. 몇 평대에 투자했느냐에 따라 임대가 잘 나갈 수도 있고 매매가 잘될 수도 있다. 필자는 주변 투자자들에게 본인이 40~50평대에 살아도 투자는 20평대 위주로 하라고 강조한다. 왜냐하면 20평대가 수요층이 가장 많기 때문이다. 20평대는 혼자 사는 1인 가구 또는 2인 가구도 충분히 살 수 있다.

인구가 줄어들고 핵가족화가 가속화되면서 1~2인 가구 비율이 증가하고 있다. 행정안전부 주민등록통계 자료에 따르면 2022년 5월 기준 전국 1~2인 가구수는 1,533만 6,282가구로 전체 가구수(2,365만 555가구)의 절반을 훌쩍 넘는 65% 수준이다. 특히 1인 가구는 연평균 약 8만 6천 가구씩 증가하고 있다.

평형은 20평대, 방 개수는 3개가 가장 적당하다. 방 3개가 수요층이 가장 두텁다. 공인중개사무소를 찾는 손님은 "방이 몇 개입니까?"라는 질문을 제일 먼저 한다. 원하는 평수여도 방 개수가 부족하면 집을 보러 가지 않는다. 1인 가구라고 하더라도 요즘엔 방 3개를 선호한다. 신혼부부도 최소 방 3개 이상을 원한다.

역세권, 학세권, 20평대, 방 3개 소형 아파트

필자는 15년 전부터 역세권, 학세권, 20평대, 방 3개 소형 아파트에 지속적으로 투자해왔다. 지금도 1억 원에서 1억 5천만 원 사이의 소형 아파트 투자를 이어오고 있다. 결론부터 말하면 지금껏 한 번도 실패해본 적이 없다. 시세차익을 많이 남긴 물건도 있고 적게 남긴 물건도 있지만 결국엔 돈을 벌었다.

누군가 "어디에 투자해야 하나요?"라고 물으면 필자는 서슴없이 "역세권, 학세권, 20평대, 방 3개 소형 아파트"라고 공식처럼 되뇔 것이다. 이런 요건을 충족하는 매매가 1억~1억 5천만 원 정도의 물건이 가장 좋다. 물론 지역에 따라 이런 물건을 찾기 어려울 수 있다. 그러나 수도권이든 지방이든 조금만 임장을 다녀보면 비슷한 물건을 얼마든지 찾을 수 있다. 부린이라면 '역세권, 학세권, 20평대, 방 3개'를 꼭 염두에 두고 투자하기 바란다.

다시 한번 강조하지만 소액 부동산은 금리가 상승하고 부동산 경기가 좋지 않을 때 더 빛을 발한다. 부동산 경기를 잘 타지 않고, 금리와 부동산 정책에도 영향을 덜 받는다. 부동산 경기가 상승기일 때는 팔기 좋은 타이밍이고, 하락장일 때는 싸게 살 수 있는 좋은 타이밍이다.

부동산 투자는 부동산 경기가 좋을 때만 해야 하는 것이 아니다. 오히려 부동산 가격이 떨어지는 시점이 좋은 매수 타이밍이다. 악재 없이 그냥 시기가 안 좋아서 떨어진 부동산은 반드시 다시 오르기 때문이다. 부동산은 우리가 생활하는 데 있어 필요한 '의식주' 중에서 '주'에 해당한다. 집 없이는 살 수 없기 때문에 필수 재화에 해당한다. 필수 재화는 물가상승률만큼은 오른다. 너무 단기간에 빠르게 상승하거나 하락해서 문제가 되는 것뿐이다. 내재가치가 뛰어난 부동산은 긴 안목으로 보면 천천히 우상향한다.

부동산 종목별 투자 노하우

부동산 투자를 하는 이유는 무엇인가? 혹은 왜 부동산 투자를 시작하려고 하는가? 필자는 노후자금을 마련하기 위해 부동산에 투자한다. 현재보다는 미래의 이익을 위해 투자한다. 물론 단기 차익을 남기기 위해 투자하는 투자자도 많다. 하지만 단기간에 큰 수익을 노리는 투자는 그만큼 리스크가 높다.

부동산 가격이 상승하는 데는 시간이 필요하다. 부동산뿐만 아니라 모든 투자는 시간이 필요하다. 이는 만고의 진리다. 오늘 투자하고 내일 수익을 바란다면 그건 투자가 아니라 투기

1천만 원 부동산 투자

다. 그러니 어떤 종목에 투자하든 안전하게 긴 안목으로 장기 투자하길 바란다.

8개 종목별
투자 노하우

1. 단독주택

단독주택은 개발 가능한 지역에 투자해야 한다. 가격이 저렴하다고 역세권이 아닌 외진 곳에 있는 주택을 사면 안 된다. 단독주택에 투자해서 돈을 가장 많이 버는 방법은 재개발이 진행되어 입주권이 나오는 것이다. 물론 확률은 희박하다. 재개발이 진행되는 지역은 벌써 프리미엄이 붙어 있다. 프리미엄 없는 단독주택을 샀는데 갑자기 재개발이 진행되어 조합 설립이 되는 것은 하늘의 별 따기만큼 어렵다.

그럼 현실적으로 단독주택에 투자해서 돈을 많이 버는 방법은 무엇일까? 빌라나 오피스텔을 건축할 사람에게 파는 것이다. 따라서 단독주택에 투자할 때는 빌라나 오피스텔을 지을 수 있는 물건을 사야 한다. 즉 개발이 가능해야 한다.

단독주택에 투자하는 구체적인 방법은 다음과 같다.

첫 번째, 단층주택보다는 2층 이상 다가구주택을 사는 것이 훨씬 유리하다. 단층주택은 1층만 있는 주택이기 때문에 2층 이상인 다가구주택보다 사용가치가 낮다. 2층 주택은 1층은 주인이 거주하고 2층은 전세나 월세를 놓을 수 있다. 아니면 1~2층 전부 전월세를 놓으면서 수익형 부동산으로 활용할 수 있다.

두 번째, 단독주택의 경우 대지면적이 50평 이상은 되어야 한다. 왜냐하면 빌라를 지을 수 있는 최소면적을 충족해야 하기 때문이다. 100평은 되어야 빌라를 지을 수 있기 때문에 땅의 면적이 클수록 유리하다. 건축업자들도 이런 점을 잘 알기 때문에 대지면적이 넓은 단독주택을 선호한다.

세 번째, 6m 소방도로를 물고 있는 단독주택을 사야 한다. 소방도로란 '소방차가 빠른 속도로 달릴 수 있게 만든 전용도로'를 말한다. 소방도로와 접하지 않은 주택은 빌라와 같은 공동주택을 지을 수 없다. 대형 화재에 취약하기도 하고 애초에 건축 허가가 나지 않는다. 만약 소방도로를 물고 있는 단독주택이 있는데 가격이 비싸다면 한 블록 더 들어가 있는 주택을 사면 된다.

네 번째, 도시가스가 설치되어 있는 단독주택을 사야 한다. 예전에는 기름보일러를 많이 사용했지만 지금은 거의 도시가

1천만 원 부동산 투자

스로 대체되었다. 가끔씩 기름보일러를 쓰는 주택을 볼 수 있는데 도시가스로 교체할 수 없는 주택은 투자해서는 안 된다. 기름보일러 집은 임차인 찾기가 하늘에 별 따기다. 임차인도 생활이 편리한 곳을 선호하기 때문에 도시가스를 선호한다. 기름보일러 집에 살아본 사람은 알 것이다. 몇 달에 한 번씩 기름을 넣어야 하고 넣을 때마다 기름 냄새가 곤혹스럽다.

다섯 번째, 주차장이 있거나 주변에 주차할 수 있는 단독주택을 사야 한다. 요즘 세입자들은 집은 없어도 차는 다 있기 때문에 주차장은 필수다. 주택 안에 전용주차장이 있으면 좋겠지만 그렇지 않다면 인근에 주거지 전용주차구역이나 퇴근 후 주차 가능한 도로변이 있어야 한다. 최소한 유료주차장이라도 있어야 임차인이 편리할 것이다.

여섯 번째, 남향 집을 사는 것이 좋다. 물론 건축을 위해서는 북향 도로와 접한 주택이 활용 가치가 뛰어날 수 있다. 하지만 당장 살기에는 남향 집이 여름에 시원하고 겨울에 따뜻하다. 남향의 장점은 앞서 설명했기에 생략하겠다.

2. 빌라

빌라는 대단지 신축 아파트 근처에 투자해야 한다. 왜냐하면 소위 '빌라촌'에 있는 빌라보다 아파트 근처에 있는 빌라가

가격이 더 오르기 때문이다. 빌라는 아파트의 대체상품이다. 대단지 아파트 근처에 있으면 생활하기 편하다. 아파트 단지 내 상가도 이용할 수 있고, 아파트 주변으로 상권이 발달하기 때문에 편리한 점이 많다. 대단지 아파트 근처의 빌라는 주변 분위기도 밝고 안전하기에 여성 세입자도 선호한다.

빌라에 투자하는 방법은 다음과 같다. 참고로 엘리베이터는 없다고 가정한다.

첫 번째, 3층 이하 빌라만 투자해야 한다. 엘리베이터 없는 4~5층은 인기가 없고 불편하기 때문에 임대와 매매가 어렵다. 보통 엘리베이터 없는 빌라는 2층이 가장 로열층이고 그다음 1층, 3층 순으로 잘 나간다. 요즘은 빌라에 사는 노년층이 많기에 1층을 선호하는 경우도 적지 않다.

두 번째, 20평대 방 3개 빌라를 사야 한다. 방 1개 또는 2개는 방 3개보다 수요층이 얇다. 방 3개짜리 빌라는 1인 또는 2인 가구는 물론, 자녀가 있는 3~4인 가구도 포용할 수 있다. 당연히 전월세도, 매매도 수월하다.

세 번째, 엘리베이터 없는 빌라에 투자할 때는 2억~3억 원이 넘어가는 물건은 피하는 것이 좋다. 지역마다 차이는 있지만 보통 빌라 가격이 너무 비싼 곳은 매매가 잘 안 된다. 2억~3억 원이 넘어가는 빌라는 구축 아파트와 경쟁을 하기 때문에 수요가 그만큼 떨어진다.

네 번째, 완전 주차장이 있는 빌라에 투자해야 한다. 빌라는 아파트와 달리 주차장이 완전 주차장과 불완전 주차장으로 나뉜다. 완전 주차장은 아파트 주차장처럼 주차를 하면 다음에 내가 차를 이용할 때까지 빼달라는 연락이 오지 않는다. 불완전 주차장은 빌라에서 자주 볼 수 있는데 공간이 협소해 앞쪽에 주차하면 다른 차가 나갈 때 차를 빼줘야 한다. 불완전 주차장이 있는 빌라는 인기가 없다. 임차인도 이런 주차장이 있는 빌라는 계약을 피한다.

다섯 번째, 빌라도 마찬가지로 주택이기 때문에 남향을 사야 한다.

3. 아파트

아파트는 지하철과의 거리가 500m 안쪽이고 10분 내 걸어서 갈 수 있으면 좋다. 또 1군 업체 브랜드 아파트가 비브랜드 아파트보다 투자가치가 높다. 세대수도 최소 500세대 이상의 대단지가 인기 있다. 역세권, 브랜드, 대단지가 좋다는 건 아파트 투자의 핵심 노하우다. 하지만 소액으로는 이런 좋은 물건에 투자할 수 없다. 소액으로 살 수 있는 소형 아파트는 다음과 같은 물건이 좋다.

첫 번째, 소액으로 투자할 수 있는 1억~3억 원 사이에 있는 아파트가 좋다. 소형 아파트는 전세를 끼고 갭투자를 하면 소액으로도 충분히 투자가 가능하다.

두 번째, 방 3개짜리 20평대가 가장 유망하다. 우리나라 가구수는 1~2인 가구 중심으로 빠르게 재편되고 있다. 과거에는 30평대가 '국민평수'로 불렸지만 이제 20평대로 바뀔 날이 머지않았다.

세 번째, 세대수는 구축의 경우 500세대 이상, 신축의 경우 1천 세대 이상이 좋다. 세대수는 아파트 가격 하방경직성에도 영향을 미친다. 세대수가 많다는 것은 그만큼 거래량이 많다는 뜻이기에 시세 파악이 용이하다. 시세 파악이 용이하면 아파트를 사고파는 사람도 많아져 환금성이 좋아진다.

네 번째, 투자금액은 5천만 원 이하가 좋다. 소액 부동산 투자는 말 그대로 1억 원 이하의 소액으로 투자하는 것이다. 갭투자를 활용하기에 매매가 대비 전세가 비율이 높은 아파트에 투자해야 한다. 보통 지역에 따라 그 비율이 다르지만 전세가 비율이 최소 80% 이상 되는 곳이 좋다. 소액 부동산의 경우 갭투자 시 투자금액이 높다는 건 그만큼 전세가 비율이 낮다는 뜻이다. 전세가가 높을수록 안전한 투자를 할 수 있으니 유의하기 바란다.

1천만 원 부동산 투자

다섯 번째, 학세권 아파트를 선택하면 좋다. 앞서 초등학교 인근에 있는 아파트가 전세가가 높고, 중학교 학군이 좋으면 매매가에 긍정적인 영향을 미친다고 말한 바 있다. 역세권, 브랜드, 대단지, 학군 등의 요인이 아파트 가격에 절대적인 영향을 미친다는 것을 명심하기 바란다.

4. 재개발·재건축

재개발·재건축 투자로 일확천금을 노리는 투자자가 많다. 그러나 현실은 녹록지 않다. 큰 프리미엄을 주고 개발을 목전에 둔 물건을 사지 않는 이상 정비사업으로 인한 재개발·재건축은 먼 훗날의 이야기다. 프리미엄이 없는 물건은 다 이유가 있다. 상가 투자 시 소요되는 권리금도 결국 장사가 잘되기 때문에 붙는 것이다. 개인적으로 재개발·재건축 투자도 좋지만, 재개발·재건축 가능성이 높은 지역 인근에 투자하는 것이 훨씬 확률이 높다고 생각한다. 재개발·재건축이 이뤄지면 인근에까지 호재가 반영되기 때문이다.

재개발·재건축 인근 지역 투자 노하우는 다음과 같다.

첫 번째, 당연한 이야기지만 재개발·재건축이 반드시 이뤄지는 곳 인근이어야 한다. 실현 여부를 타진하기 위해선 재개발·재건축 단지의 조건을 잘 따져봐야 한다. 먼저 재개발·재건축 지역이 역세권이 되어야 한다. 역세권이 되어야 분양률이 높다.

두 번째, 대지지분이 높고 용적률이 낮은 곳이어야 한다. 특히 재건축 가능 아파트의 경우 대지지분은 절대적인 영향을 미친다. 대지지분은 건물을 철거하면 남는 대지면적을 지분으로 나눈 것을 말하는데, 당연히 대지지분이 넓어야 가능성이 높다. 용적률은 아파트를 지을 수 있는 층수를 결정한다. 지금 현재 용적률이 낮으면 낮을수록 더 높이 지을 수 있기에 재건축 가능성이 높아진다.

세 번째, 구축 아파트의 경우 25년 이상, 30년 이하 정도가 좋다. 아파트 재건축의 경우 안전진단 등급이 D등급 이하여야 하는데 그 연한이 최소 30년 이상이다. 30년 이상인 아파트도 투자할 수 있지만 재건축 이야기가 나온 이후에는 가격이 이미 높게 형성되기 때문에 30년 이하 물건에 미리 투자하는 것이 좋다.

네 번째, 1천 세대 내외가 좋다. 재개발·재건축이 빠르게 진행되는 아파트는 보통 1천 세대 내외다. 2천 세대 이상 대단지는 정비사업의 속도가 매우 느리다. 조합원이 많고 일반분양도 많기 때문에 시간이 걸린다. 반대로 세대수가 너무 적은 아파트는 투자가치가 떨어져 관심이 적을 수밖에 없다. 그러니 사업 속도가 빠르고 투자가치가 높은 1천 세대 내외가 투자 대상으로 가장 적합하다.

5. 신도시 아파트

신도시 투자는 불패 신화라는 말이 있다. 실패하지 않는 투자라는 말이다. 대부분 국가 땅에 아파트를 분양하기 때문에 분양가가 저렴하다. 아파트를 싸게 살 수 있어 교통 여건만 좋아지면 가격이 상승한다.

여기서 중요한 포인트가 있다. 만약 신도시에 투자한다면 첫 번째 분양되는 아파트에 투자해야 한다. 신도시 아파트 분양의 성패는 대개 첫 번째 분양률에 의해 결정된다. 그래서 첫 번째 분양은 분양가가 가장 저렴하고 입지가 제일 좋다.

6. 아파트 분양권

부동산 경기가 좋을 때는 아파트 분양권만큼 투자하기 좋은 상품도 없다. 프리미엄이 많이 붙기 때문이다. 그러나 반드시 알아둬야 할 것이 있다. 입주 시점의 입주물량을 반드시 확인해야 한다. 입주 시점에 입주물량이 많으면 전세가가 떨어질 수 있다.

아파트 분양권 투자 노하우를 설명하겠다.

첫 번째, 아파트 분양권 투자의 핵심은 입주 시 분양가와 전세가가 최대한 비슷해지는 아파트에 투자하는 것이다. 분양권은 '계약금 10%+프리미엄'을 내면 입주 시까지 중도금 무이자 또는 중도금 이자 후불제이기 때문에 입주 시기에 전세가가 분양가에 가깝게 붙으면 추가 비용이 들지 않는다. 만약 전세가가 분양가보다 높아지면 소유권 이전 등기 시 돈이 남는다.

두 번째, 아파트 분양권 투자를 하기 좋은 곳은 오랫동안 신규 아파트가 입주하지 않은 지역이다. 신규 아파트가 들어오면 많은 사람이 관심을 가진다. 신축 아파트로 전세와 자가 입주가 몰리면서 프리미엄이 형성되고 가격도 상승한다. 부동산에 있어 가장 중요한 건 희소가치다. 그래서 아파트 이름도 중요한데 이름에 '퍼스트'라는 단어가 붙으면 랜드마크가 될 가능성이 크다. 유일하다는 의미를 내포하고 있어서다.

세 번째, 아파트 분양권 중 1·2·3차 순으로 공급이 예정되어 있는 단지는 1차부터 들어가는 것이 좋다. 대부분 1차 아파트가 입지가 제일 좋고 분양가가 가장 저렴하다. 2차와 3차 아파트에 비해 장점이 많기 때문에 투자가치가 높다. 앞서 신도시 분양 시 제일 먼저 분양하는 아파트가 유망한 것과 같은 이치다.

1천만 원 부동산 투자

7. 상가

상가 투자의 핵심은 상권분석과 유동인구 파악에 있다. 상가 수익률은 공실률을 빼놓고 이야기할 수 없다. 상가에 들어오는 임차인이 장사가 잘되기 위해서는 상가의 입지와 상권, 유동인구 상황이 중요하다. 상가 구조에 따른 유동인구의 가게 접근성 및 가게 간판 가시성도 중요하다.

상가 투자 노하우는 다음과 같다.

첫 번째, 상가는 입지와 상권도 중요하지만 유동인구가 많아야 한다. 사람들이 얼마나 많이 다니느냐에 따라 성패가 갈린다고 해도 과언이 아니다. 유동인구는 요일에 따라 혹은 시간대에 따라 달라진다. 근처에 노점상이 있는지 여부로 쉽게 파악할 수 있다. 노점상은 '일정한 점포 없이 거리나 공터에 노점을 차려놓고 장사를 하는 상인'을 말한다. 옮겨다니며 장사를 하기에 언제, 어디에 사람이 많은지 정확히 알고 있다. 즉 노점상이 모여드는 곳이 목 좋은 곳이다.

필자는 군 제대 후 복학 전까지 약 2개월가량 노점에서 양말 장사를 한 적이 있다. 어디가 가장 붐비는지 유심히 살펴보고 최대한 좋은 위치에 좌판을 깔기 위해 노력했다. 지하철 입구 부근이 가장 인기가 좋았는데, 그런 곳은 이미 예전부터 장사해오던 베테랑 노점상이 버티고 있었다. 요즘도 차를 타고

가다 보면 차가 막히는 곳 주변에 노점상이 많은 것을 볼 수 있다. 차가 막힌다는 건 그만큼 유동인구가 많다는 뜻이다. 경험과 노하우를 가지고 노점자리를 선점하기에 그들이 먹고사는 것이다.

두 번째, 스타벅스 매장이 주변에 있는 상가가 좋다. 필자는 우리나라 어느 곳을 가더라도 그 지역 최고의 상권을 바로 알 수 있다. 대개 스타벅스 매장 주변이 최고의 상권이다. 대형 프랜차이즈는 맥도날드, 롯데리아, 베스킨라빈스, 파리바게뜨 등 종류가 많다. 이런 프랜차이즈가 몰려 있으면 상권이 좋다고 볼 수 있다. 이 중 가장 핵심은 스타벅스라고 생각한다. 실제로 스타벅스 인근 권역은 '스세권'이라 불린다.

스타벅스는 직영점으로 운영된다. 가맹점이 없기 때문에 대기업 본사가 직접 관리하고 신규 입점을 추진한다. 가맹점 제도를 운영하지 않으니 개인은 아무리 돈이 많아도 스타벅스를 창업할 수 없다. 본사 차원에서 꼼꼼하게 상권분석을 한 후에 입점하다 보니 스타벅스가 새롭게 입점하면 주변에 다른 카페가 우후죽순 쫓아오는 것이다. 상가 건물에 투자할 계획이라면 스타벅스가 입점한 건물이나 스타벅스 인근 건물에 투자하는 것이 좋다.

세 번째, 상가 투자 시 너무 수익률에 혈안이 되면 안 된다.

1천만 원 부동산 투자

상가 건물을 비교 분석할 때 수익률에 따라 건물의 가치를 판단하곤 하는데 그러면 실패할 확률이 커진다. 수익률이 당장의 가치를 드러내는 자료인 것은 맞다. 주변 다른 상가 대비 수익률이 낮다면 투자가치가 상대적으로 떨어진다고 볼 수 있다. 하지만 당장의 수익률이 전부인 것은 아니다. 수익률 이면에 숨겨진 미래 가치를 따져봐야 한다.

세입자는 영원하지 않다. 임대료가 만족스럽지 않다면 상가 매수 후 현 세입자를 내보내는 방법도 있다. 관련법과 규정을 준수한다면 다른 세입자를 받아도 문제는 없다.

수익률보다 훨씬 더 중요한 것은 상가의 입지와 상권이다. 개인적으로 입지와 상권의 비중을 5:5라고 본다. 입지는 고정적이지만 상권은 변한다. 지금은 좋은 상권이지만 시간이 지나면 죽은 상권이 될 수도 있고, 그 반대가 될 수도 있다. 상권의 변동성 또는 가변성이 상가 투자를 어렵게 하는 이유다.

1990년대 우리나라 최고의 상권은 압구정 로데오거리였다. 수십 년이 지난 지금은 어떨까? 압구정은 주변 상권에 밀려 이제 죽은 상권이 되었다. 압구정 주변으로 홍대, 건대 로데오거리, 가로수길과 같은 새로운 경쟁 상권이 출현했기 때문이다. 요즘 다시 복고 열풍이 불며 압구정 로데오거리가 조금씩 살아난다고는 하지만 시간이 필요해 보인다. 이렇듯 상권은 항상 변하기 때문에 상권의 변화를 유심히 관찰할 필요가 있다. 상권이 유망하고 좋다면 수익률이 좀 낮아도 도전해볼 가치가 있다.

마지막으로 상가 투자와 창업에 있어 가장 중요한 것은 상권을 먼저 분석하고 입지를 선택하는 것이다. 아무리 입지가 좋고 가시성이 뛰어난 코너 자리 상가를 선택해도 그곳이 죽은 상권이면 아무 소용이 없다. 상가는 상권이 좋아야 입지도 소용이 있다.

8. 경매

부동산 경매는 '법률에 의해 채무자의 부동산을 법원에서 압류하고 이를 경매해 채무의 변제에 충당하는 강제 집행을 하는 행위'를 말한다. 경매는 부동산 경기가 안 좋은 시기에 성행한다. 하락장이 시작되고 더불어 금리까지 오르면 이자를 감당하기 힘든 사람들의 보유분이 경매 시장으로 유입된다. 경매 물건이 많이 나오면 낙찰률과 낙찰가율이 떨어지기 때문에 낙찰자의 수익률도 증가한다. 반면 부동산 경기가 좋은 상승장에서는 낙찰가율이 감정가를 웃도는 경우도 있어 주의가 필요하다.

최근 부동산 경기가 침체기에 빠지면서 경매 시장이 호황을 맞고 있다. 법원경매정보업체 지지옥션에 따르면 2023년 3월 전국 아파트 경매 진행건수는 2,450건으로 전월 대비 48.3%, 전년 동월 대비 73.1% 증가한 것으로 나타났다.

부동산 경매를 하는 이유는 부동산을 싸게 사기 위해서다. 일반적인 매매가 아닌 법원경매를 통해 시세보다 저렴하게 부동산을 매수하기 위해서다. 부동산 경매는 깊은 공부가 필요한 영역이다. 일단은 경매 학원에 사람이 많이 몰리는 시점이 부동산을 싸게 살 수 있는 타이밍이란 점만 기억하기 바란다.

강의 100번보다
계약 1번

필자는 부산에서 부동산 아카데미를 운영하며 강사로도 활동
하고 있다. 회원수는 1,600명이 넘고, 오프라인 강의를 꾸준히
듣는 사람도 100명이 넘는다. 그런데 회원 중 대다수는 안타깝
게도 아직까지 부자가 되지 못했다. 왜냐하면 투자는 하지 않
고 강의만 듣기 때문이다.

부동산 투자를 통해 부자가 되기 위해서는 부동산 투자를
해야 한다. 아무것도 하지 않으면 아무 일도 일어나지 않는다.
투자를 하지 않으면 투자 수익을 남길 수 없다. 등기부등본에

이름을 올리지 않으면 돈을 벌 수가 없다. 성공하든 실패하든 실천 없이는 아무 일도 일어나지 않는다.

공부 없이 투자하란 뜻이 아니다. 나름대로 지역을 분석하고, 입주물량을 파악하고, 매수 및 매도 타이밍을 분석했다면 과감하게 투자해봐야 한다. 주식은 잘못 투자하면 휴지조각이 될 수 있지만 부동산은 그렇지 않다. 실패해도 토지와 건물은 남는다. 투자한 종목이 주택이라면 그냥 들어가서 사는 것도 한 방법이다.

상가, 토지는 리스크가 크다. 어느 정도 내공이 있는 고수들의 영역이다. 반면 주택은 비교적 안전하고 실패할 확률이 적다. 일단 소액 부동산, 그중에서도 주택에 투자함으로써 경험을 쌓고 그다음에 분양권, 상가, 토지 등을 노려도 늦지 않다.

누누이 강조하지만 강의를 100번 듣는 것보다 1번이라도 투자를 실천하는 것이 훨씬 낫다. 시작이 반이라 했다. 천 리 길도 한 걸음부터라는 것을 잊지 말고 차근차근 도전해보기 바란다.

★ ☆ ★

부동산 투자자라면 누구나 가지고 있는
공통된 고민은 다음의 3가지다.
무엇에 투자할 것인가?
언제 투자할 것인가?
언제 매도할 것인가?

4장

어떻게
투자할 것인가?

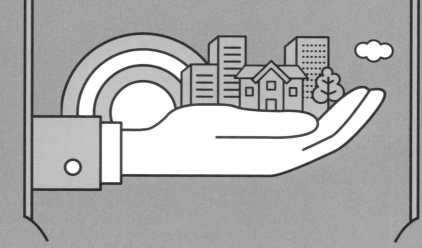

아파트 분양권에
관심 없는 사람은 없다

사람들은 누구나 깨끗한 신축 아파트에 살기를 원한다. 신축 아파트를 사기 위해 열심히 돈을 모은다. 신축 아파트가 구축 아파트보다 살기 좋으니 인기도 많다. 필자가 어릴 때만 해도 대부분 단독주택에 살았다. 그때는 고층 아파트가 거의 없었기 때문에 5층짜리 맨션에 사는 친구가 부러웠다. 10층 정도 되는 아파트에 사는 친구는 부자 소리를 들었다. 아파트는 단독주택과 달리 여름에 시원하고 겨울에 따뜻했다. 단독주택은 겨울에는 웃풍으로 방 안의 공기가 차갑고, 머리라도 감으려고 하면

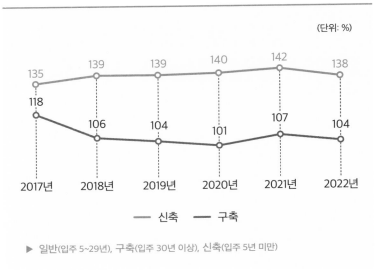

서울 일반 아파트 대비 신축·구축 매매가격 비율

(단위: %)

135   139   139   140   142   138
118
       106   104   101   107   104

2017년 2018년 2019년 2020년 2021년 2022년

— 신축   — 구축

▶ 일반(입주 5~29년), 구축(입주 30년 이상), 신축(입주 5년 미만)

자료: 직방

두통을 인내해야 했다.

직방이 국토교통부 아파트 실거래가 공개시스템을 통해 분석한 결과를 보면 2017~2022년에는 신축 아파트가 뚜렷한 강세를 보였다. 문재인 정부 들어 재건축 규제가 강화되면서 30년 넘은 구축 아파트보다 신축 아파트를 선호하는 현상이 뚜렷해졌다. 최근에는 새 정부가 재건축 규제 완화 기조를 내비치면서 간극이 좁혀지고 있다.

부동산 투자로 돈을 벌기 위해서는 사람들이 원하는 부동산이 무엇인지 알아야 한다. 아파트가 부동산의 대명사인 이유는 누구나 아파트에 살기를 바라기 때문이다. 역세권, 학세권, 브랜드, 대단지 아파트가 유망한 이유도 쉽게 설명하면 그냥 사람들로부터 인기가 많아서다. 수요가 있는 곳에 돈이 있다. 내가 살고 싶은 곳이면 남도 살고 싶은 곳이다.

가장 안전한 분양권 투자

부동산 중에서 가장 안전한 종목을 꼽으라면 단연 아파트 분양권이라고 생각한다. 아파트 분양가는 계속 상승한다. 지금껏 분양가는 계속 상승해왔고 앞으로도 계속 상승할 것이다. 짜장면 가격이 계속 상승하는 것처럼 물가상승률만큼 아파트 분양가도 오른다. 그래서 아파트 분양가는 오늘이 제일 싸다.

대부분의 아파트 분양은 선분양제를 실시한다. 선분양제란 '주택이 완공되기 전에 입주자에게 분양하고 입주자가 납부한 계약금 중도금을 통해 주택가격의 70% 정도를 완공 이전에 납부하도록 해 건설비용을 충당하는 제도'를 말한다. 아파트가 다 지어지기도 전에 먼저 분양을 하기 때문에 분양가가 저렴하고, 건설사는 초기 자금을 입주자를 통해 융통할 수 있어 초기 자금이 적게 들어간다. 아파트가 지어지는 3~4년 동안 시세차익이 발생하기 때문에 초기 자본(분양가+프리미엄) 대비 큰 수익을 낼 수 있어 가장 안전한 투자처라고 볼 수 있다.

아파트 분양권 중에 소액 부동산 투자자인 우리가 유심히 살펴봐야 하는 것이 있다. 바로 미분양 아파트다. 미분양 아파트는 우선 왜 미분양이 되었는지 살펴봐야 한다. 분양가가 너무 높거나, 입지가 안 좋다면 투자하지 않는 것이 좋다. 그러나 시기를 잘못 타서 미분양된 사례도 적지 않다. 시기를 잘못 탔다는 건 부동산 경기가 좋지 않은 시점에 분양했다는 뜻이다.

내재가치가 뛰어남에도 단순히 시기 문제로 미분양된 아파트는 입주 시점에 가격이 상승한다. 예를 들어 2008년 글로벌 금융위기 당시에도 국내 부동산 경기가 좋지 않았다. 그 시기에 많은 미분양이 발생했다. 그러나 3~4년 후 입주 시기가 되자 대부분 가격이 급등했다.

미분양 아파트의 가장 큰 장점은 서울 핵심 입지를 제외하고는 대부분 1억 원 이하로 투자할 수 있다는 점이다. 전국 대부분의 아파트가 10억 원 이하로 분양하기 때문에 10억 원의 10%인 1억 원 이하의 계약금만 있으면 투자할 수 있다. 분양 시기 문제로 미분양된 아파트라면 투자 1순위로 고려해야 한다. 분양가가 저렴하고 역세권, 브랜드, 대단지 여부를 충족하고 인근 학군까지 좋으면 금상첨화다. 미분양 아파트 입주 시점에 다른 아파트 입주물량도 살펴봐야 한다. 입주물량이 적어 전세가와 분양가가 비슷해지는 아파트라면 전세 2년 후 상승할 가능성이 크다.

사람들은 구축 아파트보다 신축 아파트를 선호한다. 당연히 구축 아파트보다 신축 아파트의 전세가가 더 높다. 매매가도 신축 아파트가 구축 아파트보다 비싸다. 부동산 가격은 수요와 공급에 의해 결정된다. 사려고 하는 사람이 많으면 가격이 상승하고, 팔려는 사람이 많으면 가격이 떨어진다.

여러분은 어떤 아파트에 투자할 것인가? 상승하는 아파트를 살 것인가, 하락하는 아파트를 살 것인가? 신축 아파트 분양권에 관심 없는 대한민국 국민은 없다. 누구나 신축을 꿈꾸기 때문이다.

분수에 맞게
투자하라

장기간 초저금리가 이어지자 '빚투(빚내서 투자)'라는 말이 유행처럼 번졌다. 실제로 무리하게 빚을 내서 투자하는 사람을 주변에서 심심치 않게 볼 수 있다. 대출도 감내할 수 있는 선에서만 받아야 한다. 코로나19 이후 금리가 가파르게 상승하자 역사상 가장 낮은 금리를 누리던 수많은 부린이, 주린이가 곡소리를 내고 있다. 연이은 기준금리 인상으로 대출이자 부담이 커졌기 때문이다. 돈이 없으면 빚을 내지 말고 종잣돈부터 모아야 한다. 자기 힘으로 종잣돈을 모으고 불려야 돈의 소중함

1천만 원 부동산 투자

을 알 수 있다.

우리는 학창 시절에 국어를 배우면서 '주제'를 알았고, 산수를 배우면서 '분수'를 알았다. 누구에게나 투자의 그릇이 있다. 자산이 많은 부자는 투자의 그릇도 큰 반면, 이제 막 투자를 시작한 부린이는 투자의 그릇이 작다. 작은 그릇에 이것저것 담으면 흘러넘치기 마련이다. 부동산 투자도 분수에 맞게 해야 한다. 돌다리도 두들겨 가면서 건너야 한다. 부동산 가격이 계속 오른다고 큰 빚을 내서 투자하면 조정장 때 무너질 수 있다.

2019년 11월 6일, 부산광역시에 마지막으로 남아 있던 조정대상지역(해운대구, 수영구, 동래구)이 해제되면서 부산 부동산 시장이 급등했다. 이때 특히 해운대구의 집값이 높게 치솟았고 급등세의 여파가 주변 지역으로 빠르게 번졌다. 자고 일어나면 몇천만 원씩 오르는 소위 말하는 '불장'이었다.

욕심은
금물

필자의 지인인 자영업자 P사장은 부동산 투자 경험이 적은 부린이다. P사장은 사업을 정리하고 처분한 돈으로 부동산 투자를 시작했는데, 전국의 미분양 아파트와 역세권 아파트에 갭투자해 많은 수익을 남겼다. 운 좋게 큰 수익을 얻자 P사장은 욕심을 내기 시작했다. 그는 부동산이 영원히 오를 것이라고 생각했는지 공격적으로 물건을 매수했다.

P사장은 자본금과 많은 부동산이 있었지만 언제 어느 타이밍에 매도할지 몰랐다. 수년이 지난 현재, 2022년부터 금리가 상승하면서 부동산 투자 심리가 꺾였고, 전국적으로 아파트 가격이 하락했다. 사정이 어려워진 P사장은 급매로 부동산을 매도해야 했다. 결국 P사장은 매도 타이밍을 놓치는 바람에 부동산 투자에 실패했다.

사업을 잘하는 사람은 사업을 시작하기 전에 사업계획을 철저히 세운다. 사업계획서를 통해 얼마의 수익을 남길지 대략 정해두고 사업을 시작한다. 부동산 투자도 마찬가지다. 투자하기 전에 언제 매도할지, 얼마에 팔지 가닥을 잡고 투자해야 한다. 자신이 생각한 목표치에 근접하면 욕심 부리지 말고 매도하는 것이 좋다.

투자 경험이 적은 부린이가 무릎에 사서 어깨에 팔겠다는 건 큰 욕심이다. 항상 자신의 분수를 지키면서 투자해야 한다.

주택담보대출 vs. 전세자금대출

세상엔 두 종류의 사람이 있다. 인생을 살면서 주택담보대출을 많이 받는 사람, 다른 하나는 전세자금대출을 많이 받는 사람이다. 전자는 부자일 가능성이 크고, 후자는 아직까지 내 집 마련도 하지 못했을 공산이 크다. 같은 대출이지만 주택담보대출과 전세자금대출은 그만큼 색깔이 다르다. 주택담보대출은 소유권 이전을 위한 잔금 대출이기 때문에 주택을 매수할 때 한다. 전세자금대출은 말 그대로 전세자금을 대출하는 것이기 때문에 전세 계약 시 이뤄진다.

부자가 되기 위해서는 주택담보대출을 받아야 한다. 물론 결혼 후 신혼부부 특별공급 청약을 넣기 위해 잠시 전세에 사는 건 나쁘지 않은 전략이다. 그러나 목적 없이 전세에서 전세로, 또 전세에서 전세로 옮겨 다니면서 사는 것은 부자의 길이 아닌 빈자의 길이다.

필자는 한 번도 전세에 산 적이 없다. 당연히 전세자금대출도 받은 적이 없다. 결혼 초에는 부모님 댁에서 신혼을 시작했다. 이후 종잣돈을 모아 실거주 목적으로 빌라를 사서 분가했다. 1년 6개월 후 시세차익을 남기고 판 다음 주택담보대출을 받아 구축 아파트를 샀다(당시 주택 양도세는 1년 후 일반과세를 적용). 구축 아파트도 2년쯤 살다가 시세차익을 남기고 팔았다. 그리고 다시 주택담보대출을 받아 대형 평수 아파트로 이사했다. 이후 층간소음 문제로 다시 전세를 놓고 주택담보대출을 받아 신축 아파트로 이사했다.

이처럼 필자는 주택담보대출을 적극적으로 활용했다. 대출 규제가 없을 때는 매매금액의 70%까지 주택담보대출을 받아 실거주 아파트를 매수했다. 당시에는 금리가 낮아서 이자가 높지 않았기 때문에 현금이 있어도 가능하면 주택담보대출을 활용했다. 그렇게 남은 현금을 활용해 다른 부동산에 투자했다.

은행은 저축하러
가는 곳이 아니다

은행은 저축하러 가는 곳이 아니다. 대출을 하러 가는 곳이다. 주거래은행과 좋은 관계를 유지해야 하는 이유는 예금금리를 높게 받기 위해서가 아닌, 대출금리를 저렴하게 받기 위해서다.

부동산 투자로 부자가 되기 위해서는 은행 돈과 세입자 돈을 활용할 줄 알아야 한다. 여러분의 자금만 가지고 투자해서는 부자가 될 수 없다. 예를 들어 아직도 5억 원짜리 아파트를 사기 위해 내 돈 5억 원이 있어야 한다고 생각하는 경우가 부지기수다. 만일 전세가격이 4억 원이라면 1억 원만 있으면 갭투자가 가능하다. 또는 은행에서 주택담보대출 4억 원을 받아 투자하는 방식도 있다. 어느 세월에 5억 원이라는 돈을 모아 투자를 한단 말인가? 5억 원이라는 돈을 모으는 것도 어렵지만, 돈을 모으는 기간 동안 과연 그 부동산이 오르지 않고 그대로일까?

대출을 자산을 사는 데 사용해야 한다. 부채를 사는 데 사용하면 안 된다. 예를 들어 외제차를 사기 위한 대출은 대표적인 '부채를 위한 대출'이다. 부동산 투자를 위해 주택담보대출을 활용하는 것이야말로 부자가 되는 지름길임을 명심하자.

투자는
정보가 생명

'정보가 생명'이란 말이 있다. 그만큼 정보가 중요하다는 뜻이다. 부동산 투자도 정보가 생명이다. 책을 읽고 강연을 듣는 이유도 정보를 얻기 위함이다. 정보통신기술이 발달하지 않았던 과거에는 정보가 소수의 전유물이었다. 그래서 투자도 어려웠다. 다행히 이제는 시대가 좋아져 누구나 조금만 노력하면 어렵지 않게 양질의 정보를 얻을 수 있다.

토지 투자를 예로 들면 토지의 경우 필요한 정보의 양이 많고 관련법도 복잡해 전문가와 비전문가의 실력 차이가 많이 나는 분야다. 토지 투자에서 중요한 건 '돈 되는 토지'를 볼 수 있는 안목이다. 토지는 용도에 따라 쓰임새가 다르다. 주된 용도에 따라 토지의 종류를 구분해 지적공부에 등록한 것을 '지목'이라고 하는데 전, 답, 과수원 등 28개 지목이 있다. 필지마다 하나의 지목이 설정되어 있으며, 1필지가 둘 이상의 용도로 활용되는 경우에는 주된 용도에 따라 지목을 설정한다. 토지 투자에서 지목을 파악하는 건 기본 중의 기본이다. 지목에 따라 토지를 어떻게 이용할지가 결정되기 때문이다.

기획부동산이
판치는 이유

토지를 실제로 사용하기 위해서 투자하는 사람도 있지만, 대부분은 시세차익을 남기기 위해 투자한다. 토지 투자는 초기 비용이 많이 들고 손바꿈이 적기 때문에 특히 신중해야 한다. 환금성이 낮기 때문에 한 번 매입하면 장기투자를 각오해야 한다. 토지의 경우 특히 싸다고 덜컥 매입해선 안 된다. 싸다면 다 이유가 있다. 세상에 이유 없는 무덤 없듯이 비슷한 지역, 비슷한 위치의 땅일지라도 가격이 차이가 나는 데는 다 이유가 있다.

개발이 예정된 땅을 저렴하게 사서 훗날 비싸게 파는 것은 모든 투자자의 꿈일 것이다. 그러나 일반인이 개발 정보를 파악하기란 쉽지 않고, 설사 정보를 취득하더라도 비전문가가 범람하는 정보 속에서 옥석을 가리기란 쉽지 않다. 기획부동산 사기가 판치는 이유는 그만큼 사람들이 '정보'에 목을 매기 때문이다. 실제 국내 부동산 거래 중 약 35%가량은 '등록 공인중개사'가 아닌 '무등록 공인중개사'에 의해 이뤄진다는 통계도 있다.

잘못된 정보에 현혹되어 개발이 불가능한 공익용 산지나 개발제한구역 등을 덜컥 매입하면 큰 낭패를 볼 수 있다. 정보력을 갖춘 부동산 컨설팅 업체를 통해 내재가치가 높은 부동산을 좋은 가격에 사는 것은 좋지만, 기획부동산의 꾐에 넘어가는 일은 없어야 한다.

속지 않는 방법은 간단하다. 직접 정보를 확인하고 분석하면 된다. 현지에서 실제로 얼마에 거래되는지, 개발계획 실현 가능성은 얼마나 되는지, 아울러 토지이용계획확인원, 지적도, 토지대장, 공시지가확인원 등 관련 서류를 열람해 관계 법규와 연결 지어 분석해야 한다. 이를 검토할 능력이 없다면 토지 투자는 포기하는 것이 낫다.

토지 투자 시 주의해야 할 부분은 단독주택과 달리 무조건도로만 물었다고 좋은 것은 아니라는 점이다. 보통 토지를 볼 때 맹지(도로에 접한 부분이 없는 토지)만 아니면 된다고 생각하는 사람이 많은데, 도로에 붙은 땅이라고 다 돈이 되는 것은 아니다. 토지의 용도에 따라 면적도 중요하다. 임야에 투자한다면 100~200평 단위로 투자해선 안 된다. 최소 1천 평 이상 투자해야 가치가 있다. 임야는 땅의 면적이 중요하다. 적은 평수는 개발 가능성이 낮기 때문에 최소한 1천 평 이상은 되어야 한다.

강남 1주택자 박 사장 vs. 지방 다주택자 오 부장

여러분은 집이 많은 것이 두려운가? 아니면 집이 없는 것이 두려운가? 집이 많은 다주택자나 집이 없는 무주택자나 걱정이 많은 건 매한가지다. 집이 많은 사람은 재산세, 종부세 등 세금 때문에 걱정이 많고, 집이 없는 무주택자는 주거의 불안정 때문에 걱정이 많다. 그런데 집이 많은 다주택자가 걱정이 더 많을까, 아니면 집이 없는 무주택자가 걱정이 더 많을까? 당연히 무주택자의 불안이 더 클 것이다.

요즘 매스컴에서는 똘똘한 한 채에 투자해야 안전하다고 강조한다. 똘똘한 한 채란 서울 강남의 값비싼 아파트 한 채 혹은 지방 광역시의 1급지 아파트를 의미한다. 부산의 경우 해운대구의 아파트를 똘똘한 한 채라고 하는데 30평대가 15억 원이 넘는다. 최근 15억 원 초과 아파트의 주택담보대출이 허용되었지만, LTV 50% 이하이기 때문에 현금으로 7억 5천만 원은 있어야 한다. 우리나라에서 7억 5천만 원 이상의 현금을 굴릴 수 있는 사람이 몇이나 될까? 전세를 끼고 투자하는 방법도 있지만 아무리 갭투자를 해도 똘똘한 한 채는 목돈 없이는 매입이 불가능하다.

결국 똘똘한 한 채는 일반인이 투자하기에는 너무나 문턱이 높다. 일반인은 가성비 있는 소액 부동산을 여러 채 매입해 다주택자가 되는 방식으로 부를 불리는 수밖에 없다.

똘똘한 한 채 VS. 소액 부동산 여러 채

과연 수익률은 어떨까? 결론부터 이야기하면 투자 타이밍과 부동산 종목에 따라 수익률은 크게 달라진다. 변수가 많기 때문에 똘똘한 한 채가 높다, 소액 부동산 여러 채가 높다 단정 지을 수 없다. 대부분의 사람은 똘똘한 한 채가 수익률이 높다고 생각한다. 꼭 그렇지만은 않다.

똘똘한 한 채를 보유한 1주택자 박 사장, 그리고 지방에 여러 소액 부동산을 보유한 다주택자 오 부장이 있다고 가정해보자. 먼저 박 사장은 수년 전 20억 원짜리 34평 강남 아파트를 실거주로 매수했다. 종부세와 재산세가 부담스러웠지만 아파트 가격이 30억 원까지 치솟자 주변의 부러움을 샀다. 그런데 최근 미국 기준금리 인상과 불경기로 부동산 경기가 나빠지면서 아파트 가격이 큰 폭으로 하락했다. 모든 여윳돈을 강남 아파트를 사는 데 투입한 박 사장은 다른 데 투자할 여유가 없다. 1주택자를 유지해야 세금도 유리하고, 매도할 때 부담하는 양도세를 줄일 수 있어 부동산 투자는 꿈도 꾸지 못한다.

반면 지방을 중심으로 소액 부동산 투자를 이어온 오 부장은 소위 몸테크를 하고 있다. 현재 거주하는 곳은 20년 이상된 구축 아파트다. 불편하긴 하지만 다른 데 투자하기 위해 불편함을 감수하고 있다. 최근 기준금리 인상으로 부동산 경기가 얼어붙자 저평가된 아파트가 쏟아지기 시작했다. 한창 부동산 경기가 좋았을 당시 2억 원까지 치솟은 아파트가 1억 2천만원까지 떨어지자 오 부장은 전세 1억 원을 끼고 곧바로 매입했다. 이렇게 전국의 저평가된 소액 부동산을 하나둘씩 사들여 현재는 10채 이상 보유한 다주택자가 되었다.

오 부장이 보유한 저평가된 소형 아파트처럼 내재가치가 뛰어난 물건은 가격이 잘 떨어지지 않는다. 2년이 지나 전세가격이 5% 오르면 이를 연금처럼 쓰는 소위 '전세연금'도 활용할 수 있다. 오 부장의 부동산 투자 철학은 내재가치 대비 저평가된 소액 부동산을 사들여 재산을 불리는 것이다. 부동산 경기가 좋을 때 2억 원까지 찍었다는 건 시간이 지나면 다시 2억 원을 찍고 반등할 여지가 충분하단 뜻이다.

훗날 박 사장과 오 부장의 운명은 어떻게 될까? 오 부장의 투자 철학이 변하지 않는 이상 두 사람의 차이는 시간이 흐를수록 벌어질 것이다.

부동산 투자
3·2·1법칙

부동산은 현장에 답이 있다. 네이버, 구글, 다음과 같은 포털사이트에서 로드뷰로 손쉽게 실물을 볼 수 있는 시대가 되었지만, 그래도 부동산은 직접 현장에 가야 정답을 얻을 수 있다. 물론 손품도 중요하다. 하지만 손품이 중요하다 해서 손품만으로 일생일대의 가장 큰 투자를 진행할 수는 없다.

임장을 가기 전에는 반드시 조사를 철저히 해야 한다. 조사를 통해 어느 정도 물건 상태를 파악해야 현장에 가서 헤매지 않는다. 기본적인 정보도 모르고 임장을 가는 건 시간만 버리

1천만 원 부동산 투자

는 일이다. 누구나 쉽게 정보를 찾고 공유할 수 있는 세상이지만 그 안에서 나에게 필요한 정보만 딱딱 뽑아내기란 쉬운 일이 아니다.

바야흐로 정보 과잉의 시대다. 우리는 눈 뜨는 순간부터 잠들기 직전까지 수많은 정보와 마주한다. 수백여 개의 TV 채널, 셀 수 없이 쏟아지는 유튜브 동영상, 실시간으로 꽉꽉 채워지는 SNS 피드와 뉴스 기사 등 콘텐츠는 무한대에 가깝다. 넘치는 정보를 습득해야 한다는 불안감, 그리고 그 안에서 필요한 정보를 찾기 힘든 답답함이 바로 요즘 시대의 딜레마다.

3·2·1법칙이란 무엇인가?

부동산 투자도 적재적소 필요한 정보를 검색하고 취합할 수 있는 능력이 중요하다. 부동산 투자의 큰 흐름은 손품을 팔아 정보를 조사하고, 발품을 팔아 임장을 가고, 계좌 이체를 통해 계약을 마무리하는 것이다. 이 중 어느 과정도 소홀히 할 수 없다. 필자가 제시하는 다음의 3·2·1법칙을 기억하기 바란다. 이는 부동산 투자에 가장 기본적인 전제조건이다.

1. 3번 조사하라

직접 현장에 나가기 전에 조사부터 철저히 해야 한다. 주택, 오피스텔, 상가 등 부동산의 종류에 따라 파악해야 할 정보가 다르다. 대지면적과 건축면적은 물론 용적률과 건폐율도 파악해야 한다. 부동산의 공시가격에 따라 보유세(종부세, 재산세)가 매겨지기 때문에 공시가격도 알아야 한다. 주변 부동산 시세도 간과해선 안 된다. 내가 사는 가격이 비싼지 싼지를 알아야 나중에 팔 때 이익을 극대화할 수 있다. 조사를 많이 하면 많이 할수록 시행착오를 줄일 수 있다. 3번이 아닌 30번을 해도 지나치지 않는다.

2. 2번 임장하라

임장의 사전적 의미는 '사건 따위가 벌어진 현장에 나옴'이다. 부동산에서 임장이란 '움직일 수 없는 부동산을 현장에서 직접보고 관찰하는 것'이다. 로드뷰도 좋지만 직접 가서 봐야 좀 더 정확하게 주변 환경을 파악할 수 있다. 실제로 땅의 경사도를 직접 보는 것과 화면으로 보는 것은 체감이 다르다. 비선호시설인 쓰레기 매립장, 화장터, 고압변전소, 송전탑, 교도소 등이 있는지도 살펴봐야 한다. 인터넷을 통해서 확인할 수 있는 사진과 그림은 한계가 있다. 아무리 인터넷이 발달해도 실시간으로 일이 벌어지는 현장을 시시각각 반영할 수는 없다. 손품만으로 주변 환경의 자세한 정보를 파악하기란 불가능에 가깝다. 반드시 임장을 2번 이상은 가야 한다.

3. 1번(한 번)에 계약하라

'생각은 깊게 행동은 빠르게'라는 말이 있다. 할지 말지 생각은 깊게 하되 일단 결심이 서면 행동은 빠르게 하라는 말이다. 1~2번 과정을 통해 해당 물건이 좋다는 확신이 들었다면 빠르게 행동에 나서야 한다. 부동산 투자에 있어 행동은 계약을 의미한다. 정확히는 계약금 중 일부(가계약금)를 입금하는 것을 의미한다. 3번 (이상) 조사하고 2번 (이상) 현장 임장을 통해 분석을 마쳤다면 바로 가계약금을 입금해야 한다. 생각이 너무 길어지면 좋은 물건을 놓칠 수 있다. 그러면 그동안 조사하고 임장한 수고는 물거품이 된다. 좋은 부동산 물건은 누구나 관심이 많다. 내가 아니더라도 언제든 다른 사람이 계약할 수 있다. 계약은 머리로 하는 것이 아닌 입금으로 한다. 언제든 가계약금을 입금할 준비를 해야 한다.

잘 고른 미분양 아파트,
열 아파트 안 부럽다

필자가 본격적으로 돈을 벌기 시작한 것은 미분양 아파트에 투자하고 난 다음부터였다. 소액 부동산 투자를 통해 안정적인 수입을 얻고, 미분양 아파트 투자로 큰돈을 벌었다. 가장 쏠쏠했던 건 일광신도시 미분양 아파트였다. 당시 명지국제신도시, 일광신도시 등 정비사업 및 외곽 신도시 개발로 부산광역시는 공급 폭탄이 터졌고 부동산 시장은 깊은 침체기에 빠졌다. 일광신도시가 위치한 부산 기장군은 미분양 증가 등의 사유로 미분양관리지역으로 지정되기도 했다.

기장군 내 자체 주택 실수요가 부족했던 탓에 미분양이 급증했지만 필자는 기장일광도시개발사업의 가능성을 믿었다. 일광신도시는 단순히 기장군 내 주택 수요만을 노리고 지어진 것이 아니다. 울산광역시, 동부산권과 인근 13개 산업단지, 오시리아관광단지, 양산시 일부 수요를 흡수할 수 있는 요충지에 위치해 있다. 그러한 가능성을 믿었기에 과감히 미분양 아파트를 매입했고 훗날 큰 시세차익을 얻었다.

미분양 아파트는 미분양이 된 이유가 중요하다. 해당 아파트의 입지나 내재가치 문제로 미분양된 것이 아니라면 투자를 타진해봐야 한다. 미분양 아파트 투자는 아파트 분양가의 10%만 있으면 가능하다. 그래서 전국 미분양 아파트는 대부분 1억 원 이하로 투자할 수 있다. 서울 서초구, 강남구, 송파구 등 몇몇 지역의 물건을 제외하면 대부분 10억 원 이하이기 때문에 투자금도 이에 10%인 1억 원 이하다.

미분양 아파트
투자의 전제조건

미분양 아파트 투자의 3가지 전제조건은 다음과 같다.

1. 주변 시세 대비 분양가가 적정한가?

미분양 아파트가 발생하는 이유 중 가장 큰 이유는 분양가가 높게 책정되어서다. 일단 분양가가 주변 시세 대비 높으면 무주택자들의 관심에서 멀어진다. 당연히 청약경쟁률도 낮아진다. 이렇게 미분양, 미계약이 발생하면서 미분양 아파트가 나온다. 분양가가 다소 비싸더라도 입지가 좋다면 관심을 가질 만하다.

미분양 아파트는 보통 계약 후 3년 뒤에 입주할 수 있기 때문에 당장의 경기보다 3년 뒤의 상황이 중요하다. 3년이 지나면 부동산 경기가 달라져 있다. 아파트 분양가는 자재비, 인건비 등의 이유로 매년 상승해서 3년 뒤에는 주변 아파트 시세 대비 분양가가 저렴해져 있는 경우도 많다. 가격 리스크가 해소되면 당연히 프리미엄이 붙기 시작한다.

부동산R114에 따르면 2022년 9월 전국 아파트 분양가는 3.3m²당 평균 1,458만 원으로 2021년 말 대비 10.4% 오른 것으로 나타났다. 10여 년 전에는 3.3m²당 900만 원대에 불과했다. 인플레이션으로 인해 분양가의 상승폭은 더 커질 것으로 보인다. 아파트 분양가 산정 기준인 기본형 건축비가 꾸준히 인상되고 있기 때문이다.

입지가 좋은 미분양 아파트는 전세가도 높게 형성되어 입주

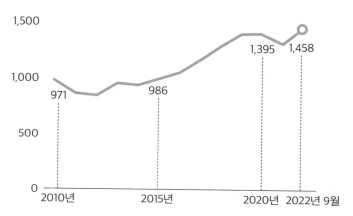

전국 아파트 3.3m²당 평균 분양가

(단위: 만 원)

1,500

1,000

971

986

1,395

1,458

500

0

2010년   2015년   2020년   2022년 9월

자료: 부동산R114

시 인기가 좋다. 추가 자금 없이 전세금으로 잔금을 치를 수 있어 실수요뿐만 아니라 투자수요도 몰린다. 2년 또는 4년 전세 후 매도하면 큰 시세차익을 남길 수 있다.

2. 입주 시 아파트 공급물량은 적정한가?

미분양 아파트는 보통 부동산 경기가 나쁜 시기에 많이 발생한다. 부동산 가격이 하락하는 시기에는 앞으로 가격이 더 하락할 것이라고 생각해 무주택자들도 청약을 넣지 않는다. 미분양 아파트는 부동산 경기보다 입주 시 공급물량이 더 중요하다. 입주 시점에 공급물량이 많은 지역이면 전세가가 낮아지기 때문에 추가 비용을 준비해야 한다. 입주 시 공급물량이 적은 지역을 선별해서 투자하면 소액(1억 원 이하)으로도 안전하게 전세를 끼고 잔금을 치를 수 있다.

3. 입지가 좋은 곳인가?

미분양 아파트라고 해서 영원히 분양이 이뤄지지 않는 것은 아니다. 결국에는 분양이 된다. 아파트가 입주하는 시점이 오면 투자수요가 몰리면서 분양을 맞춘다. 이런저런 이유로 그래도 분양이 안 되면 전세를 살아보고 아파트를 살지 말지 결정하는 '애프터 리빙제'를 실시하기도 한다. 결국 시간이 해결해준다는 소리다.

아파트 가격은 사이클이 있다. 부동산 경기가 좋지 않고 공급 폭탄이 일어난 지역도 시간이 지나면 경기가 살아나고 공급 부족 현상이 일어나 거짓말처럼 추세가 바뀐다. 미분양 아파트는 입지가 생명이다. 입지만 좋다면 시간이 모든 것을 해결해준다. 좋은 입지의 아파트는 시간이 지나면서 우상향으로 전환된다.

신차 대신 선택한
미분양 아파트

2019년, 필자는 현금 5천만 원으로 온 가족이 편하게 탈 수 있는 SUV 신차를 뽑으려고 했다. 현금이 충분했기 때문에 할부 없이 신차를 사기 위해 알아보고 있었다. 그런데 어느 날 부산광역시 일광신도시에 있는 일광신도시비스타동원이 미분양 상태라는 소식을 들었다. 곧바로 다음 날 해당 아파트 모델하우스에 방문했다. 모델하우스는 이미 미분양 소식을 듣고 찾아온 투자자들로 붐비고 있었다. 분양한 지 오래되어서 그런지 고층과 중간층은 벌써 다 계약을 마쳤고 4층 이하 저층만 남아 있었다. 아파트 평수는 40평과 37평 2가지였는데, 40평은 정남향이 남아 있었고 37평은 남서향밖에 남아 있지 않았다.

순간 고민을 했다. 10년 타던 자동차를 바꿔야 할지, 아니면 미분양 아파트에 투자해야 할지 고심했다. 그날 투자를 결정하지 않으면 저층도 곧 분양이 완료될 것 같았다. 필자는 신차 대신 미분양 아파트를 선택했다. 자동차는 나중에 얼마든지 살 수 있지만, 해당 미분양 아파트는 이번이 아니면 다시는 분양가로 구입하기 어렵겠다는 판단이 섰다. 그날 바로 계약금 1천만 원을 입금하고 왔다. 총 분양가는 4억 6,700만 원이었다.

3년이 지난 2022년, 해당 미분양 아파트의 가격은 약 8억 원이 되었다. 분양가 4억 6,700만 원짜리 미분양 아파트가 3년 만에 8억 원을 찍은 것이다. 만일 그때 2019년식 준대형 SUV를 선택했다면 어땠을까? 당시 신차 가격이 약 4,500만 원이었는데 3년 후 중고차 시세를 검색해보니 2천만 원대에 매물이 올라와 있었다.

여러분이라면 자동차를 샀겠는가, 미분양 아파트를 샀겠는가? 여러분의 선택이 미래를 바꾼다. 가진 돈을 다 미분양 아파트에 투자하고 자동차를 사지 말라는 말이 아니다. 자동차가 반드시 필요한 사람도 있다. 필자도 신차가 필요했지만 10년 동안 타고 다니던 차가 있어 미분양 아파트를 선택할 수 있었다. 구형이어서 조금 불편해도 큰 문제는 없었다. 여러분도 불편함을 감수할 수 있다면 적극적으로 투자에 나서야 한다. 잘 고른 미분양 아파트 열 아파트 안 부럽다.

부동산 앱 활용은 투자의 지름길

요즘은 스마트폰의 시대다. 내 손 안의 컴퓨터 스마트폰이 대중화되면서 스마트폰 하나로 모든 것을 다 하는 세상이 되었다. 특히 스마트폰에 있는 앱은 정보의 홍수인 인터넷 세상에서 내가 원하는 정보만을 효과적으로 관리할 수 있는 편리한 기능을 제공한다. '어플'이라고도 하는데 이는 '애플리케이션 (application)'의 비표준어다. 앱의 사전적 정의는 '컴퓨터의 운영체제에서 실행되는 모든 응용 소프트웨어'다. 즉 앱은 응용 프로그램이다. 특정 분야의 집약된 정보를 제공하기 때문에 편리하고 유용하다.

부동산 투자의 세계에도 다양한 앱이 있다. 아실, 디스코, 부동산지인, 직방, 다방 등 많은 앱이 개발되고 상용화되었다. 앱 없이는 투자할 수 없는 상황이다. 투자 지역을 선정할 때도 앱의 정보를 활용한다. 시세를 파악할 때도, 공급물량을 파악할 때도, 전세가와 매매가를 파악할 때도 앱을 쓴다. 부동산 투자의 A~Z까지 없어서는 안 되는 필수품인 셈이다.

앱만 잘 써도
반은 성공

여러분의 스마트폰에는 부동산 앱이 있는가? 아직 없다면 앱을 깔아 관련 정보를 취합해보기 바란다. 정보는 내가 필요할 때 꺼내서 볼 수 있어야 진정한 가치가 있다. 시간이 지나고 나면 더 이상 유용한 정보가 아니다. 비용도 무료이기 때문에 부담 없이 활용해보기 바란다.

필자는 부동산 앱 중 '아실'이라는 어플을 가장 좋아한다. 양질의 정보가 일목요연하게 정리되어 있어 가장 많이 사용하는 앱이다. 아실은 '아파트 실거래가'의 준말인데 실거래가 정보뿐

▶ 아실 '부동산 스터디' 탭 구성

만 아니라 부동산 투자에 필요한 필요한 고급 정보가 많다.

　필자가 '아실'에서 가장 좋아하는 정보는 '부동산 스터디' 탭이다. 부동산 스터디는 '최근 하락' '최고가' '최고상승' '가격변동' '가격비교' '여러단지비교' '매물증감' '많이산단지' '거래량' '갭투자' '매수심리' '공급물량' '미분양' '인구변화' '분양가비교' '학군비교' '대단지' '조회수' '월세수익' '모델하우스' '외지인투자' '커뮤니티'로 구성되어 있다.

　부린이라면 아실의 부동산 스터디만 들어가서 하루 2시간씩 3개월만 공부해보기 바란다. 딱 3개월이면 부동산 시장의 큰 흐름을 전체적으로 조망할 수 있다. 많은 정보가 인터넷이라는 공간에서 떠다니고 있다. 나에게 필요한 정보를 적재적소에 활용하는 사람이 승자가 될 수 있다. 부동산 앱 활용은 투자의 지름길이다.

부동산 투자자의
공통된 고민

부동산 투자자라면 누구나 가지고 있는 공통된 고민은 다음의 3가지다. 무엇에 투자할 것인가? 언제 투자할 것인가? 언제 매도할 것인가?

1. 무엇에 투자할 것인가?

많고 많은 부동산 종목 중 어디에 투자할 것인가? 여기에서 투자 성향이 뚜렷이 갈린다. 상가에 투자하는 사람은 대부분 상가 투자만 한다. 임대수익률과 시세차익 두 마리 토끼를 놓치고 싶지 않아서다. 토지에 투자하는 사람은 대부분 장기투자를 한다. 토지가 개발되면서 큰 규모의 시세차익을 노린다. 가장 보편적인 건 역시 아파트 투자다. 이 밖에 단독주택, 다세대·다가구주택, 도시형생활주택, 지식산업센터 등이 있다. 투자종목은 투자금 규모, 투자 스타일, 시간, 지역 등을 고려해 결정하면 된다. 돈을 운용할 수 있는 기간에 따라 환금성도 타진해야 한다.

2. 언제 투자할 것인가?

어떤 투자든 타이밍이 중요하다. 부동산도, 주식도 하락기에 투자하면, 즉 쌀 때 사면 최고의 투자 수익을 올릴 수 있다. 그러나 하락기에 투자를 결심하기란 정말 어렵다. 투자 경험과 내공이 없는 초보자는 쉽사리 하락기에 투자하지 못한다. 반면 경험 많은 전문가는 사람들이 공포에 떨고 있을 때 과감하게 투자를 결정한다.

여기서 핵심은 날고 기는 전문가도 바닥을 정확히 알지 못한다는 것이다. 바닥을 예측하는 건 사실 신의 영역이지 사람의 영역이 아니다. 날씨로 예를 들면 일주일 혹은 한 달 날씨를 정확히 예측할 순 없어도 적어도 우리는 계절의 변화는 알 수 있다. 겨울이 지나면 반드시 봄이 온다. 이렇듯 부동산 시장도 하락기가 지나면 반드시 상승기가 온다. 지금 혹시 부동산 가격이 떨어지고 있는가? 50주 연속 하락하고 있는가? 그렇다면 드디어 부동산 투자를 시작해야 할 시간이 다가오고 있는 것이다.

3. 언제 매도할 것인가?

언제 매도할 것인가? 투자에 있어 가장 중요한 순간이다. 매도 타이밍은 수익과 직결되는 문제다. 아무리 싸게 매수해도 언제 파느냐에 따라 수익이 결정된다. 전문가도 매도 타이밍을 잘못 잡아 실패하는 경우가 종종 있다. 그만큼 매도 타이밍은 어렵다. 명심해야 할 건 머리 꼭대기에서 팔겠다는 오만을 버리는 것이다. 무릎에 사서 어깨에 팔라고 하는 이유는 누구도 바닥을 알 수 없듯이 꼭지도 알 수 없기 때문이다.

내가 매도한 물건을 매수하는 투자자도 어느 정도 먹을 게 있어야 수월히 물건을 팔고 나올 수 있다. 너무 큰 욕심은 화를 부른다. 투자는 겨울에 사서 여름에 팔고 나와야 한다. 하락기인 겨울 시즌에 사서 상승기인 여름 시즌에 팔면 된다. 다만 2월 28일 최저점에서 매수해 8월 31일 최고점에서 팔고 나오겠다는 생각은 버리기 바란다. 그것은 어느 전문가도 할 수 없는 신의 영역이다.

어떤 공인중개사와
일해야 할까?

국내에 공인중개사 자격증을 가지고 있는 사람만 대략 50만 명이다. 그중 직접 개업을 한 공인중개사는 약 12만 명가량으로, 결국 1/4만 자격증을 제대로 사용하고 있다. 노후에 대비해 공인중개사 자격증을 따려는 사람은 해마다 늘고 있지만 개업률은 저조한 편이다. 형편이 이렇다 보니 매년 대규모 국가시험을 치르면서 발생하는 비용 낭비를 줄여야 한다는 지적도 나오고 있다.

1/4만 개업을 한다면 나머지 3/4은 무얼 하고 있을까? 자

격증이 많다 보니 불법으로 자격증을 대여해 개업하는 사례가 늘고 있고, 깡통 전세와 같은 부동산 사기 피해가 속출하고 있다. 정부는 공인중개사 자격시험을 절대평가에서 상대평가로 바꾸는 방향을 모색하면서 합격기준 개선 작업에 들어갔다. 매년 일정 비율 합격자를 배출함으로써 무분별한 자격증 남발 사태를 방지하겠다는 생각이다.

공인중개사는 다른 전문직과 달리 국민들에게 인식이 좋지 않다. 전문가로서의 이미지보다 장사꾼의 이미지가 강하다. 실제로 너무 많은 공인중개사무소가 난립해 치열하게 경쟁하다 보니 계약 한 건을 따내기 위해 해서는 안 될 행동도 많이 한다. 누구를 탓할 수는 없지만 공인중개사의 위치는 스스로 만들어가는 것이다.

부린이의 입장에서 공인중개사를 잘 활용하는 방법은 2가지다.

첫째, 매수자의 입장에서 아파트를 살 계획이라면 그 지역에서 가장 오래된 공인중개사무소를 찾아가야 한다. 정확히는 해당 동네에서 오래 활동한 공인중개사와 일해야 한다. 왜냐하면 그 동네의 역사를 다 알고 있고, 아파트 전 세대 물건을 가장 많이 확보하고 있을 확률이 높기 때문이다. 그만큼 급매 물건도 많이 나온다.

그럼 가장 오래된 공인중개사는 어떻게 찾을 수 있을까? 일단 해당 부동산 근처 식당이나 슈퍼마켓 주인에게 물어보면 바로 알 수 있다. 이마저도 어렵다면 그냥 간판이 가장 오래된 공인중개사무소를 찾으면 된다. 보통 공인중개사무소는 소장이 바뀌면 간판을 새로 하는 경우가 많다. 간판이 오래되었다는 것은 소장이 안 바뀌고 오래 영업을 해오고 있다는 뜻이다. 아니면 네이버 부동산에 아파트 물건을 가장 많이 올려놓은 곳을 찾아도 된다. 물건을 많이 가지고 있는 부동산에서 광고도 많이 하기 마련이다.

　　둘째, 매도자의 입장에서 아파트를 팔 계획이라면 최대한 여러 공인중개사무소에 물건을 내놓아야 한다. 대부분 집을 살 때 이용한 공인중개사무소에만 물건을 내놓는데 부동산 경기가 좋을 때는 그래도 상관없다. 하지만 부동산 경기가 좋지 않을 때는 최대한 많은 곳에 물건을 내놓아야 유리하다.

　　물론 공인중개사무소에 물건을 접수하면 공동 중개를 위해 주변 공인중개사무소로 문자가 간다. 아파트 단지마다 물건을 공유하는 시스템이 다르긴 하지만 망을 통해 물건을 공유한다. 그러나 공인중개사도 사람이다 보니 본인이 직접 받은 물건을 좀 더 신경 쓸 수밖에 없다.

　　판매하려는 부동산 인근 공인중개사무소뿐만 아니라 조금

떨어져 있는 공인중개사무소에 물건을 내놓는 것도 한 방법이다. 왜냐하면 단지 내에서 이사하는 세대도 있지만 다른 지역에서 이사를 고려하는 사람도 있기 때문이다. 그래서 조금 떨어진 곳에도 물건을 내놓아야 유리하다. 어느 구름에서 비가 내릴지는 아무도 모른다.

★ ☆ ★

부동산 투자로 돈을 벌고 싶다면
다음의 2가지 철학을 꼭 명심해야 한다.
첫째, 산이 높으면 골이 깊다.
둘째, 떨어진 곳은 반드시 오른다.

5장

언제 사고팔 것인가?

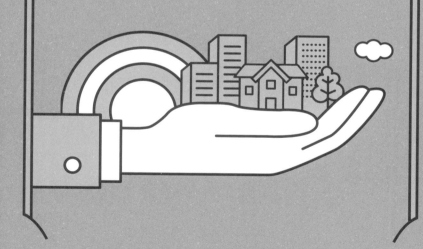

부동산 정책 및 규제 전격 분석

"언제 사고팔아야 하나요?"

부동산 투자에서 가장 중요한 질문이라 할 수 있다. 개인적으로 아파트 가격에 영향을 미치는 요인들의 영향력을 이렇게 생각한다. 부동산 가격은 공급이 50%, 정부 정책이 30%, 금리가 20% 개입한다. 정책은 아파트 가격에 최소 30% 이상 영향을 미친다. 그만큼 공급 못지않게 중요하다. 역대 정권별 부동산 정책의 주요 골자를 살펴보면 다음과 같다.

- **노무현 정부(2003년 2월~2008년 2월)**

투기과열지구 제도 도입, 다주택자 양도세 중과, 종합부동산세 도입, 실거래가 신고 의무화, DTI 도입, 분양권 전매 제한 등 규제 강화. 부동산 가격 전국 34% 상승, 서울 57% 상승.

- **이명박 정부(2008년 2월~2013년 2월)**

고가 주택 기준을 9억 원까지 상향, 투기과열지구 해제, 부동산 세제 완화, 양도세 중과 완화 등 규제 완화. 부동산 가격 전국 15% 상승, 서울 -3% 하락.

- **박근혜 정부(2013년 2월~2017년 3월)**

LTV, DTI 완화, 양도세 5년간 면제, 취득세 면제, 청약조정대상지역 선정 등 규제 완화. 부동산 가격 전국 10% 상승, 서울 10% 상승.

- **문재인 정부(2017년 5월~2022년 5월)**

양도세 중과, 취득세 중과, 종부세 인상, 재산세 인상, DSR 도입, 임대차 3법 시행, 대출 규제 등 규제 강화. 부동산 가격 전국 30% 상승, 서울 52% 상승.

역대 정권의 부동산 정책을 보면 의문점이 하나 생긴다. 부동산 규제책을 펼치면 가격이 상승하고, 부동산 규제 완화책을 펼치면 가격이 하락한다는 것이다. 노무현 정부와 문재인 정부에서 수많은 부동산 규제를 내놓았지만 부동산 시장은 폭등한 반면, 이명박 정부와 박근혜 정부에서는 수많은 부동산 완화 정책을 펼쳤지만 미미한 상승에 그치거나 하락했다.

정책은 시장을 이기지 못한다

이유는 무엇일까? 정권별 부동산에 대한 진단과 해법은 달랐지만 하나만은 분명했다. 수요와 공급을 거스르는 규제 정책은 되레 상황을 악화시킨다는 것이다. 부동산 가격, 즉 집값은 정부의 부동산 정책에도 영향을 받지만 근본적인 오르내림은 수요와 공급에 의해 결정된다. 아파트 공급물량이 쏟아지면 전세가격이 하락하면서 자연스럽게 매매가격도 영향을 받는다. 물량이 쏟아져 나와야 가격이 하락한다. 집을 사려는 사람보다 팔려는 사람이 많아야 시장은 쥐 죽은 듯이 조용해진다.

부동산 경기가 나빠지면 건설사들은 분양 일정을 늦춘다.

빨리 분양해봤자 미분양이 날 것이 빤하기 때문이다. 건설사들이 차일피일 공급을 미루면서 분양물량이 감소한다. 분양물량 감소는 3년 뒤 입주물량에 영향을 미치기 때문에 공급 부족 현상을 가속화시킨다. 아파트 공급 부족은 전세가를 높이는 결과를 초래하고, 상승한 전세가는 아파트 매매가를 폭발적으로 상승시킨다. 이런 악순환에 빠져 아파트 가격은 폭등한다.

부동산 투자로 성공하고 싶다면 이러한 부동산 사이클을 정확히 알아야 한다. 부동산 시장은 항상 좋을 수도, 항상 나쁠 수도 없다. 아파트 분양물량을 통해 3년 뒤 입주물량을 파악하면 어느 정도 답을 알고 부동산 투자를 할 수 있다. 여기에 부동산 정책과 금리까지 공부한다면 여러분은 부동산 투자의 귀재가 될 것이다.

전세가율과
매매가의 관계

부동산 시장 분석 전문가 이현철 소장은 『아파트 투자는 사이클이다』에서 현장의 분위기, 사람들의 심리가 어떻게 주택 시장에 영향을 미치는지를 분석해 아파트 사이클 5단계(상승 초기-상승-조정-폭등-하락)를 제시했다. 아파트 사이클이 10년 주기로 흐른다고 주장하는 경우도 있는데 실제로 그렇게 정확하게 10년 주기로 움직이는 것은 아니다. 공교롭게도 최근에는 2008년 하락을 기점으로 2017년 상승기를 맞이하기까지 대략 10년이 걸리긴 했다. 2017년 이후에는 알다시피 역사상 가장 큰 상승기가 찾아왔다.

큰 폭등 뒤에는 언제나 숨 고르기가 시작된다. 2022년 윤석열 대통령 취임 이후 미국발 금리 인상을 계기로 국내 경기가 빠르게 식어가면서 고금리, 고물가, 고환율 삼중고가 가속화되었다. 부동산 가격도 급속도로 하락했다. 부동산 사이클의 흐름만 제대로 파악하고 있다면 걱정할 필요 없다. 예견된 위기는 위기가 아니라 기회다.

시장의 큰 흐름을 놓치지 않고 잘 파악하고 있다면 어떤 지역에서 사야 할지, 어떤 물건을 사야 할지, 지금이 사야 할 때인지 팔아야 할 때인지 답이 어느 정도 보일 것이다. 그러니 두려워할 필요 없다.

전세가를 알면
매매가가 보인다

매매가와 전세가의 관계를 알면 아파트 가격 추이를 알 수 있다. 실거주 목적으로 집을 살 수도 있지만 시세차익을 목적으로 전세를 놓는 사람도 있기 때문에 매매가 하나만 놓고서는 해당 부동산의 실제 가치를 알아볼 수 없다. 전세가가 유의미한 이유는 다른 데 투자하기 위해 매매가 아닌 전세를 선택하는 경우가 굉장히 드물기 때문이다. 즉 전세가는 해당 아파트의 실사용 가치를 드러내는 중요한 지표다.

아파트 매매가 대비 전세가가 높다는 것은 그만큼 실수요자 입장에서 살기 좋고 선호하는 곳이란 뜻이다. 이런 아파트는 전세가 나오면 대기 수요가 많아 바로바로 나간다. 전세가격 역시 물가상승률 이상으로 계속 상승한다.

입지와 평형이 같은 A아파트와 B아파트가 있다고 가정해보자. A아파트의 매매가는 5억 원이고 전세가는 4억 원으로 매매가 대비 전세가 비율은 80%다. B아파트의 매매가는 5억 원이고 전세가는 3억 5천만 원으로 매매가 대비 전세가 비율은 70%다. 이 경우 앞으로 A아파트와 B아파트의 가격은 어떻게 흘러갈까? 물론 100% 절대적일 순 없지만 전문가 열에 일곱은 A아파트의 가치를 더 높게 칠 것이다.

B아파트보다 A아파트가 유망한 이유는 3가지로 압축할 수 있다. 첫째, A아파트의 전세가가 높다는 것은 B아파트보다 인기가 높다는 것이다. 당연히 인기 있는 아파트의 가격이 더 상승하게 되어 있다. 둘째, 투자자의 입장에서 갭투자를 하기에 A아파트가 훨씬 낫다. 즉 전세가율이 높을수록 실수요뿐만 아니라 투자수요까지 끌어당긴다. A아파트와 B아파트의 입지와 평

형이 같다며 갭투자하기 좋은 A아파트로 투자수요가 쏠릴 것이다. 셋째, 입주물량이 적은 공급 부족 시기에는 전세가가 급등하는데 A아파트의 상승폭이 B아파트의 상승폭보다 클 가능성이 높다.

이처럼 아파트 전세가격은 매매가격에 영향을 미친다. 전세가는 아파트의 가치를 나타내는 바로미터다.

신축은 반드시
구축이 된다

겨울 다음에는 반드시 봄이 온다. 어린이는 어른이 되고, 어른
은 노인이 된다. 이것이 세상의 이치다. 옳고 그름의 문제가 아
닌 사실이자 진리다. 아파트 분양권에 당첨되어 신축 아파트
에 이사 가면 처음에는 평생 여기에서 살겠다고 다짐한다. 하
지만 살다 보면 신축 아파트도 반드시 구축 아파트가 되기 마
련이다. 그럼 좀 더 살기 편하고 위치 좋은 신축 아파트를 찾아
서 이사를 간다. 왜 사람들은 한곳에서 평생 살지 못하고 이사
를 다니는 걸까? 사람마다 차이가 있을 수 있지만 이유는 간단

하다. 편리함을 좇기 때문이다.

자녀들 학교 문제, 남편 직장 문제 때문에 이사하는 경우도 있지만 대부분은 새 아파트에 살기 위해 이사한다. 오래된 아파트보다 신축 아파트가 살기에 훨씬 편하고 깨끗해서다. 주차 문제도 신축 아파트가 편하다. 일단 살아보면 왜 사람들이 신축 아파트를 선호하는지 바로 알 수 있다.

부동산 투자는 수요가 있는 곳에 투자해야 실패하지 않는다. 수요가 있다는 것은 매매가 잘된다는 뜻이다. 투자를 하는 이유는 돈을 벌기 위해서다. 아무리 투자를 잘해도 팔리지 않으면 수익을 낼 수 없다. 그런 측면에서 환금성이 가장 좋은 투자처가 바로 신축 아파트다. 분양권 투자가 인기 있는 이유는 수요가 있는 곳에 투자해야 수익을 실현할 수 있기 때문이다.

부동산 세금 전문가 제네시스박의 『대한민국 부동산 초보를 위한 아파트 투자의 정석』이란 책을 보면 '신축과 구축 중에서 어디에 살아야 되느냐?'에 대한 저자의 생각을 엿볼 수 있다. 새것을 선호하는 건 비단 집뿐만이 아니다. 자동차나 각종 전자기기 등도 일반적으로 나타나는 현상이다. 최근 상승장에서 서울, 수도권 집값 상승을 신축이 주도한 연유다. 여기에 역세권과 학군 등의 요소가 결합한 경우 상승폭은 놀라울 정도로 컸다. 수도권 역세권에 위치한 신축 아파트는 구축 대장 아파트 못지않게 높은 평당가를 기록했다.

여기에서 많이들 하는 질문이 있다. 신축 아파트인데 만약 정류장, 지하철역이 멀고 심지어 학교까지 없다면 어떨까? 아파트라는 '상품'이 좋다 해도 해당 아파트 주변의 '입지'가 불만족스럽다면 큰 문제가 될 것이다. 신축이라고 하지만 '새것'이라는 가치는 시간이 흐르면 언젠가는 떨어지게 마련이다. 시간이 흐르면 신축은 반드시 구축이 된다.

신축 아파트라고 해서 항상 구축 아파트보다 비교우위에 있는 것은 아니다. 구축 아파트도 나름의 장점이 있다. 주변 인프라가 이미 갖춰져 있고, 직장 접근성과 자녀 교육에 유리한 점이 많다. 아파트가 오래되어 구조가 다소 아쉽고, 최근 지어진 신축 아파트와 달리 커뮤니티 시설이 없거나 미비한 경우가 많지만 주변 입지 측면에서는 신축보다 낫다.

신축과 구축, 당신의 선택은?

이렇듯 차이가 명확한 신축과 구축 중에서 무엇을 선택해야 할까? 자신의 상황에 맞게 선택하면 된다. 신축과 구축은 장점과 단점이 명확하다. 입지 요소 및 인프라도 빼놓을 수 없는 요인이다. 학부모라면 학군을 중요하게 생각하고, 직장인이라면 지하철 역세권을 중요하게 생각하고, 병원이나 공원과 같은 다른 요인을 필요로 하는 가구도 있다. 결국 자신의 상황에 맞게 선택할 수밖에 없다.

투자 관점에서 보면 신축의 손을 들어주고 싶다. 전세를 살아도 신축을 선호할 수밖에 없다. 누구나 선호하면서 대체 불가한 '새것'의 가치는 다른 마이너스 요인이 없는 한 시장에서 강력하게 작용한다. 당연히 신축 아파트가 구축 아파트보다 가격상승률이 높다. 누구나 신축 아파트에 살고 싶어 하고, 깨끗한 환경에서 살기를 원한다. 다만 신축 아파트 투자는 돈이 많이 들어가 문턱이 높다. 아무나 투자할 수 없다. 소액 부동산 투자자라면 가성비 좋은 구축 아파트에 집중해야 한다.

그러므로 신축 아파트 근처에 있는 구축 아파트를 선택하는 것이 노하우다. 신축 아파트 인근에 있는 구축 아파트는 주변에 구축 아파트만 있는 물건보다 가격상승률이 높다. 신축 아파트는 입주 후 가격이 가파르게 상승한다. 이때 인근 지역 물건의 가격이 함께 상승하는 소위 '키 맞추기' 현상이 벌어지면서 신축 아파트 인근에 있는 구축 아파트도 가격이 상승한다.

꼭 기억해야 할
호민악둔

부동산 가격은 오를 때 민감하게 오르고 내릴 때는 둔감하게 내리는 특징이 있다. 물론 지역과 시기에 따라 다를 수 있지만 특별한 변수가 없는 한 '호민악둔(好敏惡鈍)' 현상은 포괄적으로 적용된다. 그도 그럴 것이 부동산 중에서도 주택은 필수 재화에 가깝다. 사람이 살아가는 데 꼭 필요한 재화이기 때문에 가격 상승에 대한 저항이 적다.

문재인 정부 때는 아파트 가격이 너무 짧은 시간에 폭등했던 것이 사회적 문제였다. 부동산 가격이 조금씩 물가상승률만큼 완만히 오르는 것에 대해서는 누구나 인정하고 받아들이는 분위기다. 즉 부동산은 본래 우상향하는 것이 기본 성질이라는 뜻이다.

부동산 가격은 우상향의 성질이 크기 때문에 호재에는 민감하게 반응하고, 반대로 악재에는 둔감하게 반응한다. 모든 경우에 다 통용되는 것은 아니지만 역사가 증명한 사실이다. 부동산 가격은 수요와 공급, 정부 정책, 금리, 정치, 경제, 사회, 문화, 외교 등 영향을 받지 않는 곳이 없을 정도로 수많은 요인이 직간접적으로 영향을 미친다.

아파트를 보면 오르는 시기에 가격이 많이 상승하고, 하락하는 시기에 가격이 적게 떨어지는 곳을 A급, 똘똘한 한 채, 1급지라고 한다. 이런 아파트는 지역에서 가장 비싼 아파트이자 대장 아파트다. 최근 아파트 가격이 상승한 시기에도 똘똘한 한 채인 A급 아파트의 가격이 폭등했다. 부동산 상승기에는 전국적으로 상승할 가능성이 크지만 개별적인 상승폭은 다르다. 사람들이 비싸더라도 영끌을 해서 A급 아파트를 사는 이유는 안전자산이라고 생각하는 경향 때문이다. 내 자산을 지켜줄 것이라는 확신이 있기에 용기를 낸다.

실제로 주택 가격 추이를 보면 상승장과 하락장을 반복해왔지만 결과적으로 우상향했다.

집값은 결국
우상향한다

다음은 2023년 3월 23일 〈쿠키뉴스〉 기사다.

> KB부동산 주택가격동향에 따르면, 데이터 집계가 시작된 1986년부터 2022년까지 37년간 연간 아파트 매매가격지수(기준: 2022.1=100.0)의 변동률(1월>12월 변동폭)은 26번 상승하고, 11번 하락했다. 상승했던 해가 2배 이상 많은 것이다. 자세히 살펴보면, 26번 상승 중 10%이상 변동률은 10번이었고, 1990년에는 최대 34.3%까지 올랐다. 집값이 상승했던 해의 평균 변동률은 약 9.3%로, 하락했던 해의 수치(평균 -4%)보다 2배 이상 높았다. 반면 집값이 하락한 해의 경우 IMF 외환위기가 발생한 1998년(-13.41%)을 제외하고 대부분 약 5%대 이하의 미미한 수치를 기록했다. 오피스텔의 경우도 통계가 시작된 2012년부터 2022년까지 11년간 9번(평균 4.6% 상승) 올랐고, 2번(평균 -0.9%) 떨어졌다. 특히 하락률은 최대 마이너스(-) 1%대에 불과한 반면, 상승 땐 최대 9.9%를 기록했다. 아파트와 마찬가지로 상승할 때 변동이 더 컸다.

필자가 이 책을 쓰는 이유가 해당 기사에 담겨 있다. 여러분이 인생에서 더 늦기 전에 하루라도 빨리 부동산 투자를 시작해야 하는 이유다. 그래야 자산을 지킬 수 있다. 여러분 주변을 둘러보라. 어떤 사람들이 있는지 모르겠지만 부동산에 투자한 사람도 있을 것이고, 주식에 투자하거나 은행 예적금만 이용하는 사람도 있을 것이다. 훗날 어떤 사람이 웃게 되는지 잘 관찰해보길 바란다.

세상에 예외 없는 규칙은 없다지만 부동산에 투자한 사람들은 백이면 백 자산을 잘 지켜왔고 부를 이뤘다. 필자 주변에도 주식 투자로 돈을 많이 번 사람보다 낭패를 본 사람이 더 많다. 상승장에서는 큰돈을 벌지만 하락장에서는 대부분 큰돈을 잃었다. 다시 주가가 올라갈 것이라고 믿고 수년을 기다려도 주가는 쉽게 제자리로 돌아오지 않는다. 잘못하면 가치가 '0'으로 수렴할 수 있어 쉽게 물타기를 할 수도 없는 실정이다.

주식은 잘못하면 휴지조각이 되지만 부동산 투자는 토지와 건물은 남는다. 부동산은 시간이 지나면 떨어진 곳은 반드시 오르지만 주식은 영영 오르지 않을 수도 있다. 이것이 주식과 부동산의 가장 큰 차이점이다. 아직도 부동산 투자를 고민하는가? 정답은 호민악둔에 있다.

인구와 부동산 가격의 관계

요즘 유튜브를 보면 인구 절벽으로 부동산이 폭락한다는 주제의 콘텐츠가 범람하고 있다. 필자도 소위 '폭락론자'의 비슷한 영상을 본 적이 있는데, 결론부터 말하자면 이러한 주장은 틀린 말이다. 폭락론자들은 우리나라의 절대인구가 2020년부터 줄어들고 있고, 앞으로 그 감소 속도가 빨라지기 때문에 부동산 가격도 폭락할 것이라고 주장한다.

인구가 부동산에 미치는 영향이 큰 것은 맞다. 사람이 집도 사고 땅도 사기 때문이다. 그러나 절대적이지는 않다. 우리나라에서 인구가 증가하는 지역은 딱 4곳밖에 없다. 경기도, 인천광역시, 세종시, 제주도다. 유튜브에서 주장하는 바에 따르면 이 4곳 외에는 벌써부터 부동산이 하락해야 맞다. 특히 서울특별시는 우리나라에서 인구가 가장 많이 줄어들고 있는 지역이기 때문에 가격이 계속 떨어져야 한다. 알다시피 서울은 하락장에서도 많이 떨어지지 않았고 오히려 올라간 지역도 많다. 서울이 우리나라의 수도니까 예외인 걸까?

인구수보다 중요한 가구수

필자는 인구수보다는 가구수가 더 중요하다고 생각한다. 세대를 구분하는 가구수는 지금도 매년 증가하고 있다. 통계청 조사에 의하면 인구 감소 예측에도 가구수는 오히려 늘어날 전망이다. 1~2인 가구 분화가 가파르게 이뤄지고 있는 영향이다. 통계청이 발표한 보고서에 따르면 전국 총 가구는 2039년 2,387만 가구까지 증가한 후 감소세로 전환해 2050년에는 2,285만 가구 수준이 될 것이라 한다.

전국 평균 가구원 수는 2020년 2.37명에서 2040년 마이너

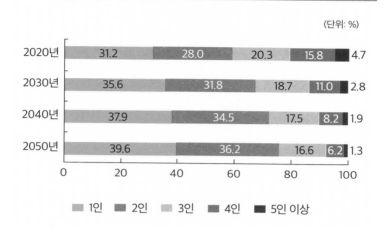

가구원 수별 가구 구성비 추이

(단위: %)

	1인	2인	3인	4인	5인 이상
2020년	31.2	28.0	20.3	15.8	4.7
2030년	35.6	31.8	18.7	11.0	2.8
2040년	37.9	34.5	17.5	8.2	1.9
2050년	39.6	36.2	16.6	6.2	1.3

■ 1인 ■ 2인 ■ 3인 ■ 4인 ■ 5인 이상

자료: 통계청

스 성장을 시작해 2050년엔 2명 미만인 1.91명이 될 것으로 예측된다. 2020년 최고 2.51명(경기), 최저 2.21명(경북) 수준에서 2050년에는 최고 2.05명(세종), 최저 1.77명(강원·경북)까지 줄어든다. 기존 가구가 분화되면서 1인 가구의 수가 폭발적으로 늘어나기 때문이다. 지역별로 보면 2020년 대전, 서울 등 12개 시·도는 1인 가구가 대세를 이루고, 이 밖에 시도는 '부부+자녀' 가구의 비중이 가장 높았다. 그러나 2050년에는 모든 시·도에서 1인 가구가 주된 가구 유형이 될 전망이다.

혼자 사는 사람이 증가하면서 소형 아파트의 수요가 증가했다. 대형 평수인 40~50평보다 10~20평의 인기가 높아졌다. 앞으로 이런 현상이 심화되어 소평 평수의 인기는 더 높아질 것으로 보인다. 자신은 30~40평에 살아도 투자는 20평대에 하라는 이야기가 이런 이유 때문이다.

가구수가 증가하는 이유는 핵가족화와 아파트 거주 문화 때문이다. 단독주택에 주로 살던 시절에는 3대가 같이 사는 집이 많았다. 방이 많고 넓어서 3대가 살아도 넉넉했다. 그러나 재개발·재건축 사업이 진행되면서 아파트에 사는 비율이 증가했고, 마당 없는 아파트에서 3대가 같이 살기엔 여러 모로 여건이 부족했다. 세대 분리가 가속화되고 핵가족화가 이뤄지면서 부모님은 부모님대로, 첫째 형님네는 형님네대로, 둘째 동생네는 동생네대로 뿔뿔이 흩어졌다.

1~2인 가구의 증가로 최근에 분양하는 아파트는 20~30평대가 대부분이다. 집은 시대를 반영한다. 아파트 분양에 성공하기 위해서는 소형 평형의 비율을 늘려야 한다. 분양도 되지 않는 큰 평형은 이제 찬밥 신세가 되었다. 코로나19로 인해 집에 있는 시간이 늘어나면서 잠시 큰 평형이 인기를 끌기도 했으나 유행은 말 그대로 유행일 뿐 한시적이다. 시대의 흐름은 소형 평형으로 가고 있다.

물론 가구수도 인구수처럼 줄어드는 시점은 온다. 대략

1천만 원 부동산 투자

20여 년 정도 남았다. 인구수 감소로 우리나라도 앞으로 호주나 프랑스처럼 이민 정책을 적극적으로 시행한다고 한다. 우리나라는 전통적인 유교 사상으로 인해 이민 정책에 소극적이었다. 국가적 대의를 위해 한민족, 단일민족, 백의민족의 전통도 내려놓아야 할 때다.

노동력이 부족한 캐나다는 최근 매년 50만 명 규모의 이민 정책을 발표했다. 유럽에서 가장 잘사는 독일 역시 산업화가 시작된 19세기부터 이민 정책을 시행하면서 값싼 노동력을 유입시켰다. 우리나라도 요즘 농촌과 산업 현장에서 노동자를 구하지 못해 어려움을 겪고 있다. 다행히 최근 법무부에서 이민청 설립을 발표하면서 본격적으로 이민 정책에 대한 논의가 있을 것으로 예상된다. 늦었지만 다행이다.

인구는 부동산에 많은 영향을 미친다. 그러나 인구수가 절대적인 요인인 것은 아니다. 인구수보다 가구수가 부동산에서는 더 중요하다.

악재에 사고
호재에 팔자

아파트 가격이 꼭지에 있던 시기에 영끌로 투자한 사람들이 최근 곡소리를 내고 있다. 가격이 떨어져서 곡소리가 나고, 금리가 상승해 매달 납입하는 이자가 늘어나서 곡소리가 난다. 손해를 보고 팔려고 해도 팔 수 없다 보니 가정이 파탄나기 직전인 사람도 많다.

부동산 투자로 돈을 못 버는 사람들의 특징은 호재에 사고 악재에 판다는 점이다. 쉽게 말해 가격이 최고로 상승할 때 부동산을 산 다음, 가격이 떨어지고 금리가 상승하면서 이자 부

1천만 원 부동산 투자

담이 늘어날 때 손해를 보고 판다.

부동산 투자로 돈을 벌고 싶다면 다음의 2가지 철학을 꼭 명심해야 한다. 첫째, 산이 높으면 골이 깊다. 둘째, 떨어진 곳은 반드시 오른다.

먼저 산이 높으면 골이 깊다는 말은 부동산 가격이 영원히 상승하지는 않는다는 뜻이다. 전체적으로 보면 우상향의 그래프지만 올랐다가 떨어졌다가를 반복한다. 단기간에 폭등하면 폭락도 그만큼 깊을 수 있다는 것을 명심해야 한다. 무엇이든 급하게 먹으면 체할 수 있다. 가격은 항상 시간이라는 세월을 먹고 자란다.

주식 투자에서 주로 인용되는 '하이먼-민스키 이론'은 부동산 투자에도 적용된다. 미국 경제학자 하이먼 민스키가 주장해 '민스키 모델'이라고도 불리는 해당 이론은 버블의 생성과 붕괴의 과정을 잘 보여준다. 그래프를 보면 먼저 '현명한 투자자'가 진입해 언론의 주목을 이끌고, 이후 대중이 참여해 '열정-탐욕-환상'으로 이어진다. 장기 평균 가격 대비 급격히 상승해 거품 논란이 일지만 '새로운 논리 탄생'으로 급등에 이유를 붙인다. 하지만 이후 단기간에 급락하고 대중은 처음에는 현실을 부정하지만 공포에 사로 잡혀 곧 투매로 이어진다. 하락한 가격은 장기 평균 가격 아래로 내려가고, 대부분이 좌절하고 손

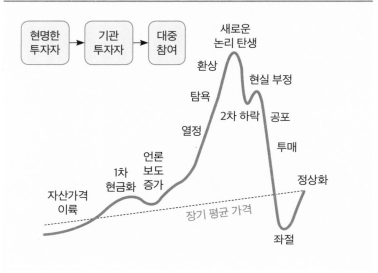

하이먼-민스키 이론에 따른 '순간 폭락'

자료: 블룸버그

을 턴 다음 서서히 상승해 정상화된다.

두 번째, 떨어진 곳은 반드시 오른다는 말은 부동산 가격의 사이클을 역행하지 말란 뜻이다. 부동산은 필수 재화다. 적어도 물가상승률만큼은 상승한다. 아파트 분양가도 계속 상승하거나 하락하지 않는다. 그래서 부동산은 투자 타이밍이 중요하다. 부동산 가격이 하락하는 시점, 경기가 안 좋은 시점, 미분양이 많은 시점이 투자 타이밍이라고 생각한다. 우리가 투자하는 시점은 매도하는 시점과 적어도 2년에서 4년의 시간차가 있다.

1천만 원 부동산 투자

이를 잘 활용하면 된다. 악재가 많은 불황기에 투자하고, 부동산 경기가 바닥을 찍고 올라오는 호재가 많은 시기에 팔면 절대 손해를 보지 않는다.

부동산 사이클을 역행하지 말자

결국 중요한 것은 2년 또는 4년 뒤에 호재가 많은 지역 및 물건을 찾을 수 있는 기술이다. 아파트 가격의 사이클을 보면 '정부의 규제-가격 하락-공급 부족-가격 상승-공급 증가-가격 하락' 보통 이런 순환을 보인다. 그래서 투자 지역 및 물건을 선별할 때는 당장의 시황보다 2년 또는 4년 뒤 매도 시점 때의 상황을 예측해서 진입해야 한다. 싸게 살 수 있는 하락 시점에 투자하고, 입주물량이 적은 시점에 판매한다.

매수 과정은 간단하다. 지역별 초등학교와 중학교 학군을 비교해 초등학교에서 가깝고 중학교 학군이 좋은 지역을 고른다. 그리고 네이버 부동산에서 해당 지역 내 아파트를 검색해 공인중개사무소에 전화를 돌린다. 이후 현장을 방문해 물건을 임장한다. 이때 매매가 대비 전세가율이 80% 이상 되는 단지를 찾아 갭투자를 한다. 평수는 20평대 위주로 보고 공실인 아파트면 더 좋다. 계약금 10%를 걸어두고 두 달 잔금 기간 동안 리모델링을 하면 된다. 이후 세입자를 들여 전세금으로 잔금을 치르면 소액으로 아파트 갭투자를 할 수 있다.

이러한 갭투자는 필자가 주로 사용했던 방법이다. 막상 현장에 가보면 모든 조건을 충족하는 딱 맞는 물건을 찾기는 어려울 것이다. 어느 정도 타협해서 최대한 조건에 부합하는 물건에 투자하면 된다. 부동산 투자는 미스코리아 '진선미'를 뽑듯이 1~3등을 고르는 대회가 아니다. 그런 완벽한 물건은 여러분에게까지 돌아오지 않는다. 염두에 둔 조건 10가지 중에서 7~8가지 정도 마음에 들면 투자하는 것이 낫다. 세상에 완벽한 물건도, 완벽한 입지도, 완벽한 타이밍도 없다는 것을 꼭 기억하길 바란다.

1천만 원 부동산 투자

반드시 확인해야 할 부동산 하락 신호

부동산 상승기에 투자를 시작한 부린이는 부동산 가격이 하락하는 경험을 해보지 못했기 때문에 출구 전략에 어려움을 겪기 쉽다. 부동산에서 가장 우량자산이라고 하는 지역 대장 아파트라면 웬만한 악재에도 우상향하는 경우가 대부분이지만 처음부터 그런 대장 아파트에 투자하기란 쉽지 않다. 부동산 하락은 여러 가지 원인이 있지만 수요와 공급의 수급 상황, 정부 정책, 금리, 대외 변수 등이 대표적이다. 이번 장에서는 반드시 확인해야 할 부동산 하락 신호 5가지를 알아보도록 하자.

다섯 가지
하락 신호

1. 아파트 청약경쟁률 하락

첫째, 아파트 청약경쟁률이 하락한다. 아파트 청약은 대부분 무주택자가 신청한다. 청약경쟁률이 하락한다는 것은 무주택자들이 청약을 하지 않는다는 뜻이다. 무주택자들이 청약을 하지 않는 이유는 앞으로 아파트 가격이 떨어질 것이라고 생각하기 때문이다. 보통 앞으로 아파트 가격이 상승한다고 생각하면 청약경쟁률도 치솟는다. 따라서 투자 지역을 선별할 때 아파트 청약경쟁률을 확인해야 한다. 청약경쟁률이 하락하면 부동산 하락 신호일 수 있다.

2. 미분양 적체

둘째, 미분양 물건이 쌓이기 시작한다. 미분양 물건이 쌓인다는 것은 무주택자들이 아파트 계약을 하지 않는다는 뜻이다. 준공 전 미분양은 분양 후 입주 때까지 계약을 시도할 수 있지만, 준공 후에도 미분양이 쌓이는 지역은 문제가 심각하다. 준공 후 미분양은 지역 사회에도 악영향을 미친다. 건설사의 소요 비용이 증가하고 주변 아파트 전세가와 매매가에도 영향을 미치면서 자산가치를 하락시킨다. 미분양이 증가하는 지역은 유의해야 한다.

3. 입주물량 계속 증가

셋째, 입주물량이 계속 증가하는 지역이다. 아파트 입주물량이 많은 지역의 특징은 전세가격부터 빠진다는 것이다. 신축 아파트의 전세가가 떨어지면 주변 구축 아파트의 전세가도 떨어진다. 결국 전세가 하락은 매매가 하락으로 이어지기 때문에 부동산 하락 신호가 왔다고 생각해야 한다.

4. 아파트 거래량 감소

넷째, 아파트 거래량이 줄어드는 지역이다. 아파트 가격이 상승하기 위해서는 거래가 활발히 일어나야 한다. 거래가 일어나야 아파트 가격이 상승한다. 반대로 거래가 일어나지 않으면 부동산은 상승하지 않는다. 아파트 가격이 상승하는 시기는 아파트 거래량이 많은 시점이다. 아파트 거래량이 줄어드는 지역은 가격이 하락할 수 있다. 손바뀜이 적은 지역은 그만큼 주택가격도 하방 압력을 받는다. 매수 심리가 개선되지 않으면 한동안 하락장이 이어질 수 있다.

5. 전세가 하락

다섯째, 전세가가 떨어지는 지역이다. 전세가격은 아파트 가격의 바로미터다. 아파트의 실사용 가치를 나타내는 지표다. 아파트 가격이 떨어지기 전에 전세가부터 떨어진다. 전세가가 오르는 와중에 매매가가 떨어지는 지역은 잘 없다. 아파트 전세가격이 떨어지는 이유로는 주변 아파트 입주물량이 증가하거나, 부동산 경기가 나빠져 전세 수요가 없어지거나, 금리가 상승하면서 전세대출 금리가 상승해 수요가 월세로 이동하는 경우 등이 있다. 전세가가 떨어진다면 부동산 가격이 하락하는 신호라고 생각해야 한다.

부동산 하락 신호 5가지를 정리하면 다음과 같다.

1. 아파트 청약경쟁률이 하락한다.
2. 미분양 물건이 쌓이기 시작한다.
3. 입주물량이 계속 증가한다.
4. 아파트 거래량이 줄어든다.
5. 전세가가 떨어진다.

1천만 원 부동산 투자

현장에
답이 있다

옛말에 말 한마디에 천 냥 빚을 갚는다는 속담이 있다. 말의 소중함을 단적으로 보여주는 예다. 여기서 '말 한마디'란 요즘 스마트폰으로 하는 SNS 메시지나 문자는 아닐 것이다. 대면, 즉 얼굴을 직접 보고 하는 말을 의미한다. 사람과의 의사소통에서 어떤 문제가 발생했다면 비대면 소통보다는 얼굴을 보면서 이야기하는 게 더 낫다.

부동산 투자 시 특히 주의해야 할 점은 현장에 직접 방문하지 않고 전화로 물건을 찾지 말라는 것이다. 정상적인 개업 공인중개사들은 전화로 문의하는 고객은 일단 의심한다. 이 사람이 진짜 손님인지, 아니면 물건을 빼가는 경쟁 업체 사람인지 알 수 없기 때문이다. 아파트 가격이 하락하는 시점에 좋은 급매물을 잡기 위해서는 반드시 현장에 직접 방문해야 한다. 정상적으로 영업하는 공인중개사무소에 방문해 개업 공인중개사와 대면할 필요가 있다. 공인중개사에게 좋은 조건의 물건이 있으면 매수하겠다는 확신을 줘야 한다. 그래야 공인중개사도 가지고 있는 물건을 오픈할 것이다.

개업 공인중개사들은 확실한 매수 의사가 있는 손님에게만 좋은 물건을 보여준다는 것을 잊지 말자. 더욱이 부동산은 현장에 답이 있다. 손품으로 부동산 지역과 아파트 정보를 분석한 다음에는 발품을 팔아서 현장에서 답을 찾도록 하자. 현장을 가야 좋은 급매물을 만날 수 있다.

현장에서 좋은 급매물을 만나기 위해서는 여러 공인중개사에게 매수 의뢰를 해선 안 된다. 단 한 명의 공인중개사를 선택해 부탁해야 한다. 다수에게 의뢰하면 여러 공인중개사가 집주인에게 전화를 거는 일이 발생한다. 그럼 집주인이 갑자기 돌변해 가격을 올릴 수도 있고, 물건을 거둬들일 수도 있다. 조심해야 한다. 부동산 거래는 심리 싸움이다.

월급쟁이도 부자가
될 수 있다

필자가 부동산 투자에 입문했을 때가 딱 30살이었다. 결혼과 동시에 직장 월급만으로는 미래가 없다는 것을 깨달았다. 맞벌이를 하면서 우리 부부가 받은 월급은 300만 원 정도였는데, 한 달에 200만 원씩 적금을 넣어 종잣돈을 마련했다. 종잣돈을 마련하는 1년 동안 부동산을 공부하면서 간접경험을 늘렸고, 1년 뒤 만기 적금을 해약하고 본격적으로 부동산 투자를 시작했다.

지금 이 시간에도 직장인들은 회사에서 열심히 일을 하고 있다. 열심히 일하고 있지만 가난을 벗어나 부자가 되진 못한다. 매월 다가오는 카드값 메우기에 벅차고, 공과금에 관리비까지 다람쥐 쳇바퀴 돌 듯이 돈에 쫓고 쫓긴다. 혹시나 바퀴가 멈추면 세상이 무너질 것 같은 두려움 속에서 살아간다. 비단 여러분만의 문제는 아니다. 필자도 예전에는 그랬고 지금도 많은 사회초년생이 겪는 일이다.

가난에서 벗어나는 방법은 일단 소액이라도 종잣돈을 모으는 것이다. 종잣돈을 모으면서 부동산 공부를 해야 한다. 간접 경험을 통해 지식과 지혜를 배워야 한다. 부동산 투자는 경험이라는 무기가 없으면 확신이 생기지 않고 두려움이 앞선다. 그러면 사상누각처럼 피 같은 종잣돈을 잘못 투자해 잃고 만다. 첫 번째 부동산 투자가 실패하면 용기를 잃고 영영 부동산과 멀어진다. 그래서 부린이일수록 최대한 시행착오를 줄이는 것이 중요하다.

앞서 서문에서 부자가 될 수 있는 기회를 놓치지 말라고 강조한 바 있다. 여기서 말하는 '기회'란 소액 부동산 투자를 일컫는다. 요즘 필자는 안전하고 확실한 소액 부동산 투자 노하우를 전파하기 위해 부동산 강의와 책 쓰기에 매진하고 있다. '제대로 박사'라는 닉네임으로 사회초년생과 부린이를 위해 열심히 뛰고 있다. 모든 이가 부동산을 투기가 아닌 투자의 대상으로 생각하기를 학수고대하며 오늘도 현장을 누빈다.

영국의 철학자 허버트 스펜서는 말한다.

"인간은 삶이 두려워서 사회를 만들었고, 죽음이 두려워서 종교를 만들었다."

필자는 부동산 투자가 어려운 부린이들을 위해 부동산 아카데미를 만들었고, 지금도 1년에 100회 이상 강의를 하고 있다. 10년 가까이 부동산 강의를 하면서 많은 분에게 내 집 마련의 기회를 제공했다. 그리고 소액 부동산 투자 전문가로서 관련 노하우를 전파했다. 대부분 부동산 투자는 큰돈이 있어야 가능하다는 편견을 갖고 있다. 수강생들도 처음에는 의구심을 거두지 못했다. 어떻게 500만 원으로 빌라를 사고, 1천만 원으로 아파트를 살 수 있느냐고 궁금해 했다. 차근차근 실전 사례를 설명하고 과정을 알려준 다음에야 의구심을 거뒀다.

부동산 경기가 좋지 않을 때가 기회다. 아직도 시간과 기회는 남아 있다. 지금도 늦지 않았다. 과거 고점을 찍고 하락한 물건 중에서 전세가가 받쳐주는 소액 부동산이 있다면 투자를 고려해보기 바란다. 전세연금을 만들 수 있는 이런 소액 부동산을 5채에서 10채 정도만 투자해보면 금방 부동산 투자의 맛과

효용성을 깨닫게 될 것이다. 이렇게 차근차근 경험을 쌓으면 어느 순간 투자 고수의 반열에 오르게 된다.

월급은 마약과 같다. 매달 주어지는 소박한 월급의 기쁨에서 벗어나 과감히 소액 부동산 투자자의 길로 걸어 나가기 바란다. 부동산 투자를 시작한다 해서 꼭 다니던 직장을 관둬야 하는 것은 아니다. 월급이 꼬박꼬박 들어올 때 부동산 투자를 병행하는 방식으로 미래를 설계한다면 여러분의 앞날은 밝을 것이다.

소액 부동산 투자를 시작하지 않아도 좋다. 재개발·재건축, 아파트 분양권, 상가 투자 등 길은 얼마든지 있다. 다만 첫 시작으로 소액 부동산 투자만큼 좋은 길은 없다고 생각한다. 소액 부동산 투자로 포문을 열고 훗날 더 큰 바다에서 헤엄쳐보면 어떨까? 중간에 길을 잃지 않고 포기하지만 않는다면 여러분은 반드시 월급쟁이 부자로 은퇴할 수 있을 것이다.

이 책을 집필하면서 많은 어려움이 있었다. 부동산 경기가 나빠지면서 전 재산이 부동산에 묶여 가슴앓이 중인 사람도 보았고, 부동산 경기가 꼭지일 때 영끌로 투자해 낭패를 본 젊은 투자자도 여럿 보았다. 시장이 좋지 않은 시기에 책을 출간하는 것이 맞는가에 대한 두려움도 있었다. 그러나 지금이야말로 소액 부동산 투자의 황금기라는 생각에 용기를 냈다. 이번 책을 출간하는 데 많은 조언과 격려를 아끼지 않은 '제대로 부동산 아카데미' 회원들에게 이 자리를 빌려 감사 인사를 전한다. 마지막으로 이 책이 나오기까지 물심양면 도움을 아끼지 않은 원앤원북스 편집팀에도 감사함을 전한다.

매달 주어지는 소박한 월급의 기쁨에서 벗어나

과감히 소액 부동산 투자자의 길로 걸어 나가기 바란다.

1천만 원 부동산 투자

초판 1쇄 발행 2023년 7월 10일
초판 4쇄 발행 2023년 11월 8일

지은이 | 제승욱
펴낸곳 | 원앤원북스
펴낸이 | 오운영
경영총괄 | 박종명
편집 | 이광민 최윤정 김형욱 김슬기
디자인 | 윤지예 이영재
마케팅 | 문준영 이지은 박미애
디지털콘텐츠 | 안태정
등록번호 | 제2018-000146호(2018년 1월 23일)
주소 | 04091 서울시 마포구 토정로 222 한국출판콘텐츠센터 319호(신수동)
전화 | (02)719-7735   팩스 | (02)719-7736
이메일 | onobooks2018@naver.com   블로그 | blog.naver.com/onobooks2018

값 | 17,000원
ISBN 979-11-7043-426-9 03320